JN412130

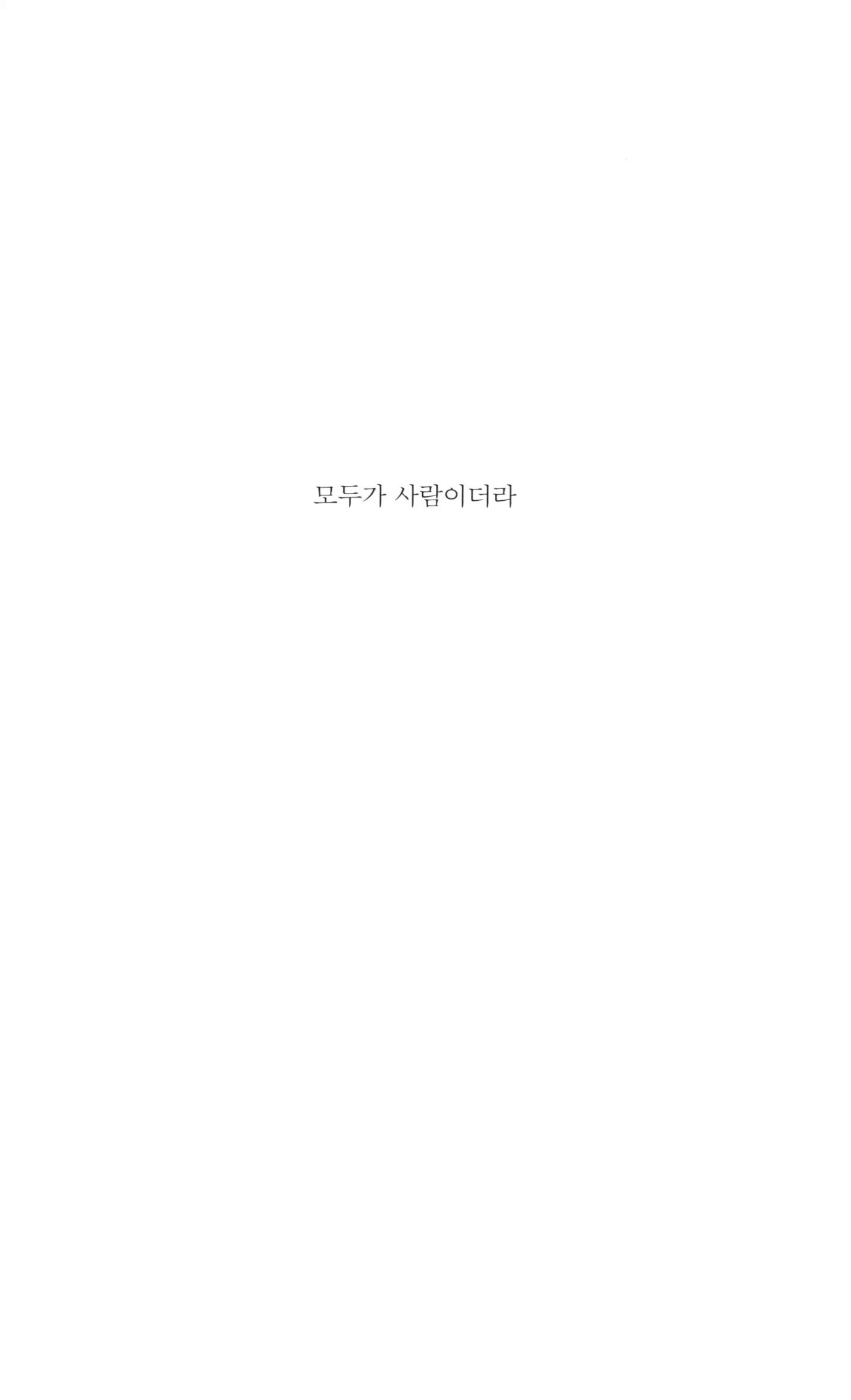

모두가 사람이더라

오명철 산문집

모두가 사람이더라

소프트 저널리즘 30년의 기록

페이퍼스토리

책을 펴내며

두 번째 책을 낸다. 30년 기자 생활 중 보고 듣고 만난 '사람'들에 대한 이야기다.

교황·추기경·종정 등 종교계 인사와 유명인, 평범하면서도 소중하고 아름다운 사람들, 그리고 내 가족에 대한 글이다. 신문에 게재된 글도 있고 정년퇴임 후 쓴 글도 있다.

언론인으로 재직하는 동안 문제점을 찾아내고 비판하고 공격하는 것보다는 아름답고 정감 있는 소재들을 발굴하고 기사화하는 데 주력해왔다. 이른바 하드 저널리즘(Hard Journalism)보다 소프트 저널리즘(Soft Journalim)에 더 많은 관심을 쏟고 기사를 발굴해왔다는 얘기다. 그래서 기사체보다는 자전적 에세이체 글이 많다.

글을 쓸 당시의 느낌과 감정을 가감없이 드러내기 위해 가급적 원문 그대로 글을 실었다. 너그러운 이해를 바란다.

2026년 1월

오명철

이 책은

방일영문화재단의 지원을 받아

저술 · 출판되었습니다.

차례

4. 우리 시대의 초상

5.
가족 이야기

1

말의 빛, 성직자의 길

교황이 세 번이나 한국에 온 까닭은

프란치스코 교황께서 서울공항에 도착해 트랩을 내려오는 장면을 TV로 지켜보면서 주책없이 눈가에 눈물이 고이기 시작했다. 이렇게 말도 많고 탈도 많은 분단과 갈등의 나라에 '겸손과 평화'의 선한 목자인 그분이 직접 찾아와주신 것이 너무나 고맙고 감사했기 때문이다. 나는 45년간 기독교 신앙을 갖고 있는 장로교 신자다.

너무나 복되게도 나는, 제264대 교황 요한 바오로 2세가 1984년 5월 내한해 집전한 '한국 천주교 200주년 기념대회 및 순교복자 103위 시복시성식'과 1989년 10월 '제44차 세계 성체대회'를 근접 취재하는 영광을 누린 바 있다. 30년 기자 생활 중 가장 감동적인 순간이었다고 해도 지나친 말이 아니다.

교황 요한 바오로 2세의 두 번에 걸친 방한과 제266대 프란치스코 교황의 첫 방한 등 세 차례에 걸친 교황의 방한은 한국 가톨릭의 영광을 넘어 모든 한국인의 경사요 축제였다. 이를 시기하고 질시하는 것은 바보 같은 짓이요, 그런 인물을 배출하지 못한 집단의 콤플렉스라 할 것이다.

종교계에서는 "교황이 한 번 다녀가실 때마다 한국 가톨릭의 교세가 100만 명씩 늘어났을 것"이라고 추산한다. 실제로 교황이 처음 내한한 1984년 한국의 천주교인은 170만 명 정도였으나 현재 500만 명으로 늘어났다. 바오로 2세는 아웅산 테러로 숨진 유족을 위로했고, 프란치스코 교황은 세월호 유가족들을 끌어안았다.

1984년 내한 당시 바오로 2세 교황은 광주의 비극을 딛고 집권한 제5공화국 체제의 억압과 압제 아래에서 고통받고 있는 한국인을 향해 '화해와 용서'를 강조했다. 교황 자신이 한 해 전 9월 1일 소련 전투기의 만행에 의해 격추된 KAL기 희생자(269명)의 영혼을 위로하는 의미로 당시 항로를 비행하며 기내에서 피격 희생자를 위한 추모 미사를 올리고 위로문도 발표했다.

냉전 체제를 종식시킨 동유럽의 민주화를 가능케 한 '대변혁의 사도'인 바오로 2세 교황은 비행기에서 김포공항에 내리자마자 무릎을 꿇고 땅에 입맞춤을 해 한국인들을 감동하게 만들었다. 천주교 전래사(史)에서 유일하게 선교사의 파견 없이, 단순한 '지적 호기심'을 토대로 한 자생적 스터디그룹을 통해 복음을 받은 이 땅과 겨레에 대한 최대의 경의였다.

교황은 특히 15분간 영어로 인사말을 하면서 첫머리에 유창한 한국말로 "벗이 있어 먼 데서 찾아오면 이 또한 기쁨이 아닌가"라는 논어의 한 구절을 말해 사람들을 놀라게 했다. 또 연설 끝부분에 다시 또렷한 한국어 발음으로 "여러분과 여러분의 가정에, 그리고 한반도의 온 가족에게 평화와 우의와 사랑을 베푸시는 하느님의 축복을 빕니다. 감사합니다"라고 덧붙여 뜨거운 박수를 받았다. 완벽한 '팬 서비스'였다. 그분이 가는 곳마다 우리말로 외친 "찬미 예수"는 그 후 한국 가톨릭의 대표적인 구호가 됐다.

당시 풋내기 사회부 사건 담당 기자였던 나는 행사의 하이라이트인 서울 여의도광장의 시복시성식 현장 취재를 담당했다. 100만 명의 신도와 시민들이 참석한 이 의식은 한마디로 장엄, 그 자체였다. 감동과 의욕에 넘친 나는 미사 도중 조금이라도 가까운 곳에서 교황님을 뵙고 싶어 한 걸음, 한 걸음 제단 쪽으로 나아갔다. 제단 바로 아래에 도달했을 때 갑자기 옆구리에 차가운 금속성 물질이 느껴졌다. 권총이었다.

깜짝 놀라 옆을 보니 검은 선글라스를 끼고 이어폰을 꽂은 경호요원이었다. 내가 받은 비표로는 단상 근처에 접근할 수 없는데 의욕이 넘쳐 최고 등급의 경호지역에 들어가 체포된 것이다. 아무런 저항도 할 수 없고, 속수무책일 수밖에 없었다. 차에 실려 인근 경찰서로 끌려간 나는 신분증을 빼앗긴 채 한 시간여 동안 감금돼 있다가 신문사의 신원 확인을 받고서야 가까스로 풀려났다.

당시 한국 천주교인들 사이에는 '교황님이 주재하시는 미사에 참석해 딱 한 가지 소원을 간구하면 반드시 이뤄진다'는 얘기가 돌았다. 나는 교황이 다녀가신 다음 해 그 '기적의 실체'를 만났다. 1980년 강제해직됐던 한 사회부 선배가 교황이 집전한 여의도 시성식에서 "하느님! 저 신문사에서 다시 일하게 해주십시오"라고 기도했는데 얼마 뒤 정부의 복귀 조치로 꿈에도 생각하지 않았던 복직을 하게 됐다고 고백한 것이다.

평소 담배를 많이 피우시던 김수환 추기경께서 교황의 방한을 앞두고 '내가 교황님을 근접 수행해 다닐 텐데 입에서 담배 냄새가 나면 되겠느냐'는 생각에 단호하게 담배를 끊은 것은 잘 안 알려진 얘기다. 추기경을 모시는 사람들이 금단 현상을 우려해 "집무실과 침실의 담배와 라이터를 치울까요?"라고 조심스럽게 물었으나 "내가 그런 의지도 없으면 어떻게 추기경이라고 할 수 있겠느냐"며 사양하셨다고 한다. 이후 담배를 일절 입에 대지 않으셨다고 한다. 추기경님 생전에 그분으로부터 직접 들은 이야기다.

교황 요한 바오로 2세는 5년 뒤인 1989년 10월 '제44차 세계 성체대회' 집전을 위해 두 번째로 내한해 순교 성인의 나라인 한국과 한국인에게 변함없는 애정을 보였다. 이때 문화부 종교 담당 기자로 교황님의 모든 일정을 동행 취재했다. 가까이에서 본 그분은 한마디로 세계사의 흐름을 바꾸고, 공산주의의 종말을 가져온 '슈퍼스타'였다.

내한한 제266대 프란치스코 교황은 취임 때부터 그분의 순수함과 소박함에 매료됐다. 교황 선출 자체가 하느님의 역사일 뿐더러 선출 과정 또한 드라마틱하다. 대부분의 언론이 그분의 선출을 의외로 받아들였지만 귀동냥한 바로는 전임자인 제265대 베네딕토 16세 교황님 선출 당시 첫 번째 투표에서 두 번째로 많은 표를 얻었다고 한다.

당시 아르헨티나 호르헤 마리오 베르골리오 추기경 신분이었던 교황은 "나에게 표를 주지 말라"며 낙선운동을 열심히 하고 다닌 분이다. 검소하고 자비로우면서도 마피아의 본거지에서 "너희들은 파문됐다"고 외칠 만큼 담대한 분이다.

그분이 제시한 '행복해지는 열 가지 방법' 중에 나는 특히 첫 번째와 아홉 번째를 좋아한다. 첫째는 'Live And Let Live(인생은 다들 자기 방식대로 사는 것이다)', 아홉 번째는 '자신의 신념과 종교를 남에게 강요하지 말라'는 것이다. 나는 이 단순한 진리의 열렬한 지지자다.

프란치스코 교황의 이번 한국 방문 핵심 메시지는 '소통과 화해'다. 남과 북, 동과 서, 이념, 세대, 계층별로 각기 제 목소리만 높이고, '세월호' 참사를 놓고 한국인들이 분노하고 좌절하고 체념하고 있는 현실에서 많은 이들이 그분의 말 한마디, 행동 하나하나에 큰 위로를 받았다.

격식을 따지지 않고 낮은 곳으로 임하는 프란치스코 교황과, 오직 호국(護國)과 백성만을 생각하는 영화 〈명량〉의 이순신 장군에 열광하고 있는 것은 역설적으로 우리가 그런 지도자를 얼마나 목마르게 기다려왔는가를 단적으로 드러낸다.

서울 광화문에서 교황 주재로 열린 '윤지충 바오로와 동료 순교자 123위에 대한 시복식'은 꽃동네 사랑의연수원 사무실에서 TV를 통해 시청했다. 인파로 가득한 광화문과 시청 일대의 모습이 장관이었다. 바오로 2세 교황의 제단이 '장엄'했다면 프란치스코 교황의 제단은 '소박'했다. 김수환 추기경의 모습이 보이지 않아 잠시 섭섭한 생각이 들었다.

나는 한때 한국의 김수환 추기경이 바티칸의 주인이 되시는 것을 꿈꾼 적이 있다. 하지만 교황님이 시복 선언에서 서툰 우리말로 "바오로 윤지충"이라며 말씀을 이어나가자 마음이 곧 풀렸다. 같은 자리에서 TV를 통해 시복식을 지켜보던 노부부는 감격에 겨워 계속 눈물을 흘리며 "고맙습니다. 감사합니다"를 연발했다.

이날 오후 4시 반 교황은 충북 음성 꽃동네를 방문했다. 헬기에서 내려 '희망의집' 옆 잔디밭으로 온 교황은 아침 일찍부터 기다린 신자들의 열렬한 환영을 받으며 특유의 환한 미소를 지으셨다. 여러 차례 국산 무개차에서 신도들과 눈을 마주치거나 머리에 손을 얹고 축성하셨다.

예루살렘에 입성하는 예수님의 모습이 바로 저렇지 않았을까? 희망의집에서 환자와 봉사자, 어린이들을 일일이 축성하실 때의 모습은 그야말로 중세 아시시의 성(聖) 프란치스코 성인이 재림하신 듯 느껴졌다.

어린이들로부터 화환을 받은 교황이 "이 꽃다발을 성모

님께 봉헌해도 되겠느냐"고 말하자 안팎에서 큰 박수갈채가 터져 나왔다. 환영사를 하는 청주교구 장봉훈 주교의 음성은 떨리다 못해 울음마저 배어 있었다.

휠체어에 탄 뇌성마비 하지 마비자로부터 그녀가 발가락으로 정교하게 접은 종이학과 종이거북을 선물로 받은 교황은 감동스러워하는 모습이었다. 교황은 답례로 아름다운 모자이크 성화를 꽃동네에 선물했다. 교황을 위해 준비된 큼지막하고 호화로운 새 전용 의자에는 아예 앉지도 않았다.

자신을 맞는 수사와 수녀들이 무릎을 꿇지 못하게 했고, 경호진의 만류에도 불구하고 실내에 들어서면서 스스로 신발을 벗었다. '희망의연수원'에서는 손가락을 빨고 있던 한 영아에게 자신의 손가락을 살짝 넣어주며 자비롭게 웃기도 했다. 행사장에 들어가지는 못했지만 화면을 통해 이를 본 개신교 장로 한 분은 "가톨릭 정말 대단하다. 교황 한 분 잘 뽑아 가톨릭의 위상을 이처럼 드높이다니…"라며 부러워했다.

여러 날 전부터 교황님을 뵙는 자리에서 주님께 드릴 기도 제목 하나를 고르느라 고민했다. 한 가지는 꼭 들어주시지 않는다던가. 영화 〈바람과 함께 사라지다〉에는 "신은 한쪽 문을 닫으면 다른 쪽 문을 열어주신다"는 대사가 있다.

영화 〈사운드 오브 뮤직〉에서 원장 수녀님도 신앙과 사랑 사이에서 번민하는 마리아 수녀에게 이 말을 했다.

그래서 나도 빌었다. "주님! 이제 제게 다른 문을 열어주시고, 자신 있게 그 안으로 들어가게 하옵소서"라고. 나는 이 기도가 반드시 응답되리라고 생각한다.

프란치스코 교황의 방한은 엄벌, 투쟁, 척결, 끝장같이 무시무시한 언어를 사용하지 않아도 얼마든지 사람을 감동시키고 순종케 할 수 있는 '부드러운 언어'의 위대함을 여지없이 보여준 '평화의 순례'였다. 도착 직후 주한 교황청대사관 소성당에서 한 강론에서 "용서받고 싶은 그 마음으로 상대를 용서하라"고 하신 말씀은 인류 전체가 가슴 깊이 새겨야 할 가르침이다. 프란치스코 교황이 4박 5일의 방한에서 남긴 가르침과 교훈을 나라와 사회, 이웃과 가정, 나 자신에게 구현하고 실천하는 것은 이제 온전히 우리들의 몫이다. (2014. 8. 19.)

* 요한 바오로 2세는 2005년, 프란치스코 교황은 2025년 세상을 떠났다. 새 교황 레오 14세는 2027년 서울을 방문할 예정이다. 역대 네 번째 교황 방문이다.

김수환·정진석 추기경과 어머니

성직자가 되는 것은 힘든 일이다. 성직자의 길을 가는 자식을 먼발치에서 지켜보는 어머니는 더욱 고통스럽다. 자식이 자기 곁을 떠나 절대자의 품으로 갔을지라도 어머니는 결코 그를 위한 기도를 멈추지 않는다. 어머니들의 그런 지칠 줄 모르는 기도가 있기에 자식들은 그 고통스럽고 험난한 성직자의 길을 갈 수 있는 것이다.

충북 음성 꽃동네 양지바른 언덕에 한 여인의 소박한 묘지가 있다. 한국의 새로운 정신적 지도자로 떠오른 정진석 추기경의 어머니 이복순(1996년 작고) 여사가 잠들어 있는 곳이다. 유일한 혈육인 외아들이 임지를 돌아다니는 동안 어머니는 홀로 가난한 이들을 돌봤고, 아들이 그리울 때면 머리맡의 아들 사진을 보며 무언의 대화로 그리움을 삭였다고 한다. 아들이 성직자의 길로 들어선 이상 세속의 인정에 끌려서는 안 된다는 판단에서였다. 어머니의 이런 헌신과 기도가 한국 천주교회 두 번째 추기경 탄생이라는 경사를 만들어냈을 것이다.

정 추기경이 1970년 주교 서품을 받을 당시 주교관을 쓰고 지팡이를 든 아들의 얼굴이 잉태 당시 태몽에 등장한 아들의 모습과 너무나 흡사해 "감사, 감사, 감사" 세 마디를 하고 혼절해버렸다는 보도는 신앙의 위대한 신비를 느끼게 한다. 돌아가시기 1년 전 "아들 주교가 추기경이 될 거야"라고 말했다는 얘기를 들으면 단순히 육신의 어머니가 아니라고 느껴질 정도다.

격동의 한국 현대사에서 누구도 넘볼 수 없는 선지자(先知者)의 사명을 감당한 김수환 추기경 또한 어머니 서중하(1955년 작고) 여사의 권면과 기도가 자신의 삶에 절대적인 영향을 끼쳤다고 고백한 바 있다. 당신 이름 석 자와 하늘 천(天), 따 지(地) 정도밖에 몰랐던 어머니는 평생 옹기와 포목을 머리에 이고 팔러 다니면서 아들 둘을 성직자로 만들었다. 김 추기경이 그 험난했던 시절 독재 정권에 맞서 시대적 소명을 다한 것도 어머님의 강인함을 이어받았기 때문일 것이다.

김 추기경은 회고록에서 자신의 무릎에 기대어 눈을 감

으신 어머니를 회고하며 "어머니는 나를 위해서 모든 것을 다 내어주시고, 어떤 처지에서든지 다 받아주시고, 어떤 허물과 용서도 다 덮어주셨다"고 말했다. 또 "내가 지금까지 살아오면서 가장 많이 입에 올린 말이 '사랑'이다. 그러나 고백하건대, 어머니가 보여준 사랑처럼 '모든 것을 덮어주고, 믿고 바라고 견디어내는' 사랑을 온전히 실천하지 못했다"고 자책했다. 우리 사회의 큰어른인 김 추기경이지만 사랑에 관한 한 가난하고 못 배운 어머니에 미치지 못했다는 고백인 것이다.

서구 교회에도 위대한 신앙의 어머니에 관한 얘기가 많다. 당대의 지식인이었으나 젊은 시절 방탕과 이단(異端)에 빠졌던 아우구스티누스(354~430)가 어머니 모니카의 눈물 어린 기도로 회심(回心)해 위대한 기독교 사상가로 거듭난 것이 대표적인 사례다. 아우구스티누스의 명저 『고백록』은 어머니에게 바치는 헌사라고 해도 좋을 것이다.

감리교 창시자인 존 웨슬리(1703~1791)의 어머니 수재너는 열아홉 명의 자녀를 낳아 기르면서도 저녁마다 일일이 자녀를 하나씩 불러 정성스레 성경을 가르쳤다고 한다. 이런 사례를 알고 있는 기독교인들은 "눈물로 기도하는 어거

니를 둔 자녀는 결코 그릇된 길을 가는 법이 없다"고 믿는다.

37년 만에 한국에서 또 한 분의 추기경이 탄생한 것을 계기로 오늘도 어디선가 자녀를 위해 기도하고 있을 이 땅의 수많은 어머니를 생각해보게 된다. 자녀들에게는 물질보다 어머니의 간절한 기원이 더 큰 울림을 낳는다. 지상(地上)에서건 천상(天上)에서건 자식을 위한 어머니의 기도는 결코 마르지 않는다. (2009. 10. 8.)

김수환 추기경님 영전에

아침 출근길에 김수환 추기경의 시신이 모셔진 명동성당에 들렀다. 기자가 아니라 한 명의 시민으로 찾아간 것이다. 유리관 속에 모셔진 추기경의 모습이 참 장해 보였다. "주여, 하느님의 어린 양, 하느님께서 대한민국을 위해 오래 전부터 예비해두신 선한 목자, 시대의 예언자, 광야에서 고독하게 진리를 외친 주의 종인 추기경 김수환의 영혼을 천국 문을 활짝 열어 받아주시고 상(賞) 주시옵소서"라고 기도했다.

추기경과는 1980년대 중반 종교 담당 기자 시절부터 20여 년의 교분이 있다. 10여 차례 단독 인터뷰를 했고, 과분한 사랑을 받았다. 2008년 2월 병석의 추기경을 불시에 찾아가 인터뷰를 한 것이 그분이 언론과 가진 마지막 인터뷰가 됐다. 수척한 모습, 팔에 꽂은 링거와 보청기를 꽂은 귀,

기운이 없는 목소리 등 예전 같지 않은 모습을 보면서 '아마도 이번이 마지막 공식 인터뷰가 될지 모르겠다'고 생각했는데 그대로 돼버렸다. 마지못해 인터뷰에는 응했지만 사진 촬영만은 결코 허락하지 않겠다는 추기경님을 설득해 밤 11시가 돼서야 사진을 찍고 기사를 넘겼던 무례를 생각하니 더욱 마음이 아프다.

기자로서 추기경을 처음 뵌 것은 1987년 1월 명동성당에서 봉헌된 서울대생 박종철 군 추모 미사 강론에서였다. '박종철 군 고문치사'는 동아일보의 특종으로 '6·10 항쟁'의 도화선이 된 사건이다. 추기경은 이날 강론에서 '작심한 듯' 군부독재 세력을 신랄하게 비판했다.

"이 정권에 '하느님이 두렵지도 않으냐'라고 묻고 싶습니다. 이 정권의 뿌리에 양심과 도덕이라는 게 있습니까. 총칼의 힘밖에 없는 것 같습니다. 지금 하느님께서는 동생 아벨을 죽인 카인에게 물은 것처럼 '네 아들, 네 제자, 네 국민인 박종철 군이 어디 있느냐'라고 묻고 계십니다."

기사를 작성하면서 가슴이 쿵쿵 뛰었고 전화로 기사를 송고하면서는 목소리마저 떨렸다. 추기경이 어디론가 끌려가는 것이 아닌가 두려웠다. 시위는 날로 격화됐고, 마침내 '넥타이 부대'가 가세했다. 정권은 결국 '6·29 항복 선언'을 내놨다.

많은 이의 생각과는 달리 '추기경 김수환'의 명성과 카리스마는 거저 얻어진 것이 아니다. 1968년 46세의 나이로 대주교 승품과 함께 서울대교구장으로 임명되자 천주교 내부에서부터 불만이 터져 나왔다. "대구 옹기장수 아들이자 서울에 아무런 연고가 없는 사람이 어떻게 서울대교구장이 되느냐"라는 얘기들이 오갔다. 일부 원로 신부들은 연판장을 돌리기도 했다. 교구 재정도 부실했다. 당시만 해도 보수 성향이 강하던 한국 가톨릭은 개혁 성향의 그를 받아들일 수 없었다.

1년 뒤 그는 한국인 최초로 추기경에 서임됐으나 여전히 고통을 겪었다. 추기경은 회고록에서 서울대교구장 부임 이후 10년을 회고하면서 "가장 가슴 아팠던 것은 원로 신부님들이 교회 민주화운동을 이해해주지 않고 다른 목소리를 내신 것이다. 그분들 중에는 개인적으로 가까운 데다 때로는 형님 같은 신부님도 계셨다"라고 말할 정도였다.

정부와 함께 추기경을 모함하는 탄원서를 만들어 교황청에 보낸 세력도 있었고, 고향인 대구에서는 "같은 TK끼리 왜 그러는지 모르겠다"며 공격하는 이도 있었다. 24시간 정보과 형사가 따라붙었고 도청이 지속됐다. '40년 불치병'이 된 고질적인 불면증도 이때부터 시작됐다. 성모병원에 세무사찰팀이 들이닥치기도 했다.

하지만 '지학순 주교 구속사건'(1974), '3·1 명동사건'(1975), '동일방직 노조 탄압사건'(1978), '오원춘 사건'(1979) 등 굵직굵직한 시국 사건에서 추기경은 항상 정의의 편에 섰고, 이를 계기로 해서 천주교회에 대한 국민의 신뢰도도 높아졌다.

박정희 대통령 서거 당시 그는 장례식장에서 "이제 대통령이 아니라 한 인간으로서 주님 앞에 선 박정희를 불쌍히 여기소서"라고 기도해 세상을 깜짝 놀라게 했다. 한국 천주교는 '보수'에서 '진보'로 방향을 틀었다.

1980년대 들어 추기경은 교황 요한 바오로 2세를 모시고 '한국 천주교 200주년 기념대회'와 '순교복자 103위 시복시성식'(1984)을 개최했고, '제44차 세계 성체대회'(1989)를 성공적으로 치러내 한국 가톨릭의 대내외적 위상을 높였다. 그는 서울대교구장 재임 시 가장 괴롭고 고통스러웠던 순간은 역시 '광주의 5월'이었다고 회고하곤 했다.

추기경은 눈물 많은 로맨티시스트였다. 〈태조 왕건〉과

〈여인천하〉 같은 사극을 즐겼고, 영화관에서 〈서편제〉, 〈아름다운 청년 전태일〉, 〈쉰들러 리스트〉, 〈포레스트 검프〉, 〈비욘드 랭군〉 등을 관람했다. 애창곡은 〈두 개의 작은 별〉, 〈등대지기〉, 〈사랑으로〉, 〈애모〉, 〈사랑을 위하여〉였다.

추기경은 또 검소하고 소박했다. 1998년 5월 서울대교구장 착좌 30주년 기념 인터뷰에서 그는 "월급 65만 원에 보너스가 400퍼센트인데 이 중 20만~30만 원을 매달 헌금하고, 경조사비가 좀 든다"고 말했다. 2002년 1월 떼를 쓰다시피해 들어가본 숙소는 기자가 사는 강북의 36평형 아파트보다도 작고 검소했다. 책상과 소파 책장 외에는 별다른 가구가 없고 평범한 침대가 놓여 있었다. 신발의 깔창이 오래돼 깊숙이 파여 있어 안쓰러웠던 기억이 난다.

추기경은 또 종교 화합과 대화에도 남다른 관심을 기울였다. 강원룡 목사, 법정·월주 스님 등과 교분을 나눴고, 한경직 목사의 빈소를 찾았으며, 서울 성북동 길상사 개원법회에서 축사를 했다. 노무현 정부 들어 그는 일부 세력으로부터 '보수주의자'라는 공격을 받기도 했다. 추기경이 서 있는 자리는 한결같았으나 재야(在野)에서 재조(在朝)가 된 '완장 찬' 세력들이 한때 자신들을 가장 옹호하고 지지해준 어른을 몰아세운 것이다.

추기경은 낮지만 단호한 목소리로 그들에게 조언을 아끼지 않았다. 추기경 스스로도 "내가 아직도 이런 얘기를 해야 하나 해서 슬플 때가 있다"고 말하기도 했다. 2003년 6월에는 동아일보의 대면 인터뷰 제의를 사양하면서 편집국장에게 직접 전화를 걸어 "노무현 대통령이 난국을 타개할 만한 능력이 있는지 본질적인 의문이 생긴다"고 말하기도 했다. 2006년 2월 정진석 추기경이 후임 추기경으로 서임되자 누구보다도 기뻐했다.

대한민국 민주화에 대한 추기경의 공헌은 역대 어느 대통령보다도 크고 위대하며, 미국 민주주의에 링컨 대통령이 있다면 한국에는 김수환 추기경이 있었다고 나는 생각한다. 20여 년간 추기경의 말과 행동을 지켜보고 내린 결론이다.

(2009. 2. 18.)

* 나라가 혼란하고 어려울수록 김수환 추기경과 같은 '큰어른'의 존재와 말씀이 그리워진다.

'나눔의 기쁨'에 사는 '숨은 천사'

1976년 9월 어느 날 저녁. 충북 음성의 무극 성당에 갓 부임한 33세의 혈기 왕성한 신출내기 신부 오웅진은 동냥깡통을 차고 헐어버린 발을 뒤뚝거리며 성당 앞을 지나는 한 걸인 할아버지를 발견한다.

무심코 뒤를 쫓아간 오 신부는 용담산 기슭의 다리 밑 움막 속으로 들어가는 그를 따라 안으로 들어갔다가 벼락이라도 맞은 듯한 전율에 휩싸이게 된다. 할아버지는 깡통에서 구걸해온 음식을 꺼내 그 안에 있는 18명의 걸인, 환자, 맹인 등 굶주림과 병환으로 꺼져가고 있는 생명들을 먹이고 있었다.

노인이 가벼운 정신질환 등으로 온전한 인간이 아니면서도 오로지 구걸로 40여 년간 자신보다 더 불우한 사람들을 돌봐왔다는 사실을 알게 된 오 신부는 그가 '걸인 예수'처럼 우러러 보였다.

사제관으로 돌아온 오 신부는 밤새 감동의 눈물을 흘리며 기도하는 가운데 자신이 가야 할 길을 다짐하게 됐고, "얻어먹을 수 있는 힘만 있어도 그것은 주님의 은총입니다"라고 고백하게 된다.

'거지 성자' 최기동 할아버지(1990년 작고)와 '거지 왕초' 오웅진 신부의 이날 만남을 계기로 창립된 꽃동네는 하느님의 은총에 힘입어 이제 1900여 명의 무의탁 부랑인과 노인, 지체 및 정신장애자가 모여 사는 거대한 사랑의 공동체로 자라났다. 그곳 식구들은 너 나 할 것 없이 '의지할 곳 없고 얻어먹을 힘조차 없는 인생'들이지만 어느 단란한 가정 못지않게 화목하고 평안하게 지낸다. 예수의 사랑이 꽃동네를 감싸고 있기 때문이다.

오 신부는 언젠가 "네가 예수의 이름으로 헐벗고 오갈 데 없이 가난한 사람들을 불러 모은다면 그다음의 일은 내가 모두 감당하겠다"라고 하는 하느님의 음성을 들었다고 한다. 하느님께서 약속하신 대로 지금 꽃동네에는 자신의 모든 것을 내던지고 이곳으로 들어온 140여 명의 남녀 수도자와 꽃동네 식구들을 돕는 120여 명의 자원봉사자, 그리고 월 1000원씩 후원금을 꼬박꼬박 보내주는 31만여 명의 후원회원이 있다.

전 경희대 총장 안치열 씨. 우리나라 방사선의학의 개척자인 안 씨가 꽃동네와 처음 인연을 맺은 것은 지난 1987년. 우연히 동료 교수와 함께 찾아왔다가 깊은 감동을 받아 틈틈이 의료봉사를 시작하게 됐다. 안 씨는 1989년 정년퇴임한 후부터는 매주 목, 금, 토요일 이곳 병원에서 상주하며 환자들을 돌보고 있다. 안 씨는 1989년 심한 디스크 수술로 거동이 여의치 않은데도 매주 한 번도 거르지 않고 꽃동네를 찾아와 '환자가 아닌 사람이 한 사람도 없는' 이곳 식구들을 돌본다.

"은퇴 후에 뚜렷한 생계 대책이 있는 것도 아닌 데다 외동딸마저 출가한 뒤 미국에서 살고 있어 처음에는 고민도 많았고 집사람(박양순, 전 YWCA 총무)과 실랑이도 좀 있었지요. 몸을 움직일 수 있을 때까지, 그리고 꽃동네에서 내가 더 이상 필요 없다고 할 때까지 환자들 곁을 떠나지 않겠습니다."

전 고려대 의대 교수 최평화 씨. 소아과 전공의 최 씨는 10여 년 전 꽃동네에서 의료봉사를 하게 된 것을 계기로 해마다 방학을 이용해 학생들과 함께 꽃동네를 다녀갔다. 1989년 정년퇴임한 뒤에는 매주 한 번씩 장난감이나 먹을 것을 사들고 이곳을 찾는다. 꽃동네 어린이들에게 최 씨는 친할머니요 천사다.

꽃동네에 가지 않는 날에도 그는 쉴 틈이 없다. 영세민 대상의 무료 치료시설인 서울의 하월곡동 성가복지병원과 방학동 영세탁아원에서 어린이들을 돌봐야 하기 때문이다.

평생을 독신으로 살아온 그는 일찍 돌아가신 어머니를 대신해 동생들을 돌보면서 불우한 사람들을 자기 식구처럼 돌보느라 지금까지 제 집 한 칸 마련하지 못했다고 한다. 그러나 그는 이 같은 얘기를 한사코 부인한다. 사실이 아니라기보다는 '오른손이 하는 일을 왼손도 모르게 해야 한다'는 신심(信心)에서 그러는 것이다.

"꽃동네 노인들과 어린이들이 그냥 좋고 한 식구처럼 생각되기 때문에 가는 것일 뿐 그 이상도 이하도 아닙니다. 기쁨을 주는 쪽은 제가 아니라 오히려 꽃동네 식구들입니다. 정말이지 저는 아무것도 한 게 없습니다."

명동성당 입구 언덕에서 3년째 구걸을 하고 있는 이찬우 씨. 머리, 팔, 다리가 각각 따로 놀고 언어마저 자유롭지 못한 중증장애자인 이 씨는 31만 여 꽃동네 후원회원 중 한 사람이다.

지난해 여름 그가 명동성당 입구에서 후원회원을 모집하고 있던 꽃동네 서울사무소 윤숙자(시몬) 수녀를 찾아와 더

듬거리는 언어로 "후원회원이 되겠다"고 말했을 때 시몬 수녀는 "아저씨 같은 분은 오히려 우리가 도와드려야 한다"며 정중히 거절했다. 그러나 그는 정색을 하며 "아닙니다. 저는 이렇게 구걸이라도 할 수 있으니 꽃동네에 있는 분들보다는 낫습니다"라고 우겨 끝내 회원 가입서를 작성했다.

그해 12월 그는 영세를 받았고 자신의 사후 안구와 콩팥을 기증하겠다는 서약도 했다. 자신이 중증장애자임에도 불구하고 하느님께서 굶어 죽지 않도록 먹이고 입혀주셨으며, 1989년에는 아내와 아들까지 한꺼번에 보내주신 게 너무 감사해서다.

요즘 그에게는 한 가지 간절한 소망이 있다. 오는 6월 결혼 2주년 기념일에 아내, 아들과 함께 꽃동네를 방문해 성금과 라면 등 위문금품을 그곳 식구들에게 나눠주고 싶은 것이다. 그래서 그는 요즘 더욱 열심히 동냥을 하고 기도를 한다.

"나는 구걸할 수 있는 능력이 있고 가족도 있으니 정말 행복한 사람입니다. 하느님께서 나를 이처럼 사랑해주신 것처럼 나도 사랑을 나누어주면서 살고 싶습니다."

부평 대우자동차 생산관리부 조장 심혁우 씨. 고졸의 기능직 사원인 심 씨는 남달리 불우한 어린 시절을 보냈다. 세

살 때 어머니가 돌아가신 뒤 아버지가 재혼해 딴살림을 차려 도시로 가는 바람에 시골에서 죽도록 고생하며 살 수밖에 없었던 것이다. 1984년 TV에서 오웅진 신부한테 꽃동네에 관한 얘기를 듣는 순간, 그는 자신도 모르는 사이에 마음이 뜨거워지면서 감동에 휩싸여 그 즉시로 꽃동네 후원회원이 됐다.

개신교 집사인 그는 그 후 여러 차례 신앙의 신비를 체험하고, 직장 동료들을 대상으로 열정적인 꽃동네 돕기 운동을 펼쳤다. 초창기에는 동료들의 의구심과 오해도 적지 않았으나 그의 열성에 감복돼 회원은 하루하루 눈에 띄게 늘어나 지금은 1600여 명을 헤아리게 됐다.

그가 매달 꽃동네에 보내는 회비는 9000원. 자신과 부인, 아들, 딸 몫이 4000원이고 하느님과 예수님 몫이 2000원, 그리고 나머지 3000원은 오래전 세상을 떠난 어머님과 두 형님의 몫이다. 그러면서도 그는 꽃동네에 대해서 늘 뭔가 미안하고 죄송한 심정이다.

"제가 꽃동네를 위해서 한 게 뭐가 있습니까. 도움을 받은 것은 오히려 저인걸요. 꽃동네가 아니었다면 제가 어떻게 사랑의 의미를 깨달을 수 있었겠습니까."

예수의 꽃동네 자매회 소속 박정남 수녀. 체신공무원으

로 근무하다 간호조무사 자격을 획득해 강원도 일대 결핵원에서 일하던 꿈 많은 처녀 박정남은 1984년 초 원주에서 우연히 오웅진 신부의 강연을 듣고 모든 것을 훌훌 정리해 꽃동네로 들어왔다.

의무실에 배치된 그는 행려환자를 구급차에 태워 데려오고, 연평균 200여 명에 달하는 사망자들의 시신을 서울 여의도 성모병원으로 싣고 가 안구 이식수술을 한 뒤 다시 데려와 땅에 묻어주는 일을 아무런 불평 없이 해냈다.

사망 후 8시간 이전에 이식수술을 하지 않으면 소용이 없기 때문에 칠흑 같은 밤중에 혼자 시신을 자동차 뒷좌석에 태우고 가야 할 때도 많았지만 그는 늘 고맙고 감사한 마음으로 자신에게 맡겨진 궂은일을 해냈다. 의무실에 근무하는 4년여 동안 그가 직접 염을 하고 땅에 묻어준 사람만도 364명이나 된다. 자원봉사자였던 그는 1989년 7월 수녀가 됐다.

1989년 7월 그는 꽃동네가 '제2의 꽃동네' 건립 후보지로 정한 가평 산골짜기에 단독 부임했다. 그동안 그가 그곳에서 겪은 고생은 하느님만이 아신다. "일을 추진하는 것은 인간이지만 성사(成事)하시는 분은 하느님이시지요. 저는 그 분의 도구일 따름입니다."

밥에 돌이 있다고 한들 쌀보다 많지는 않을 것이다. 마찬

가지로 세상이 아무리 각박하고 인간이 모질어졌다 한들 세상에는 못된 사람보다 착한 사람이 더 많을 것이다. 그런 의미에서 신체적으로 온전하고 끼니 걱정 한번 제대로 해 본 적이 없는 우리들은 꽃동네 식구와 그들을 돕는 모든 이들에게 커다란 빚을 지고 있는 셈이다. (1991. 4. 23.)

* 꽃동네 후원자와 자원봉사자 중에는 불교 신자와 기독교인 등 타 종교인들도 많다.

꽃동네, '오웅진 왕국'을 너머 '하느님 왕국'으로

'얻어먹을 힘만 있어도 주님의 은총'으로 생각하는 꽃동네가 설립 30주년 기념식을 가졌다. 행사가 조촐하게 열린 이유는 최근 몇 년 사이 생존권과 환경권을 둘러싼 인근 광산과의 마찰에서 비롯된 민형사 소송에다 업무상 횡령 등에 대한 재판이 진행되고 있기 때문이다. 지금은 많이 회복됐지만 한때 후원자가 급감해 위기를 맞기도 했다.

그럼에도 꽃동네는 오늘도 수도자, 봉사자 등 800여 명과 4000여 명의 식구들이 충북 음성과 경기 가평 꽃동네 등에서 살고 있다. 매달 1000원씩 내는 10만여 명의 후원회원과 매년 20만 명의 연수생이 사랑을 배우기 위해 찾아온다. 꽃동네에 대해 부정적인 선입견을 갖고 있었던 이들도 실제로 현장에 가보면 자원봉사자가 되거나 후원자가 돼 버린다.

신문에 만화 「식객」을 연재하고 있는 허영만 화백도 최근 취재 삼아 이곳을 방문한 뒤 "내가 지금 이렇게 힘든 사람들을 두고 뭘 하고 있는지 자책할 정도로 충격을 받았다"고 고백했다.

종교 담당 기자 시절 알게 된 인연으로 20년 가까이 꽃동네를 관심 있게 지켜봤다. 보람도 있었고 실망도 적지 않았다. 꽃동네 회지에 오 신부 사진이 대거 실릴 때는 "꽃동네 회지가 오 신부 기관지냐"고 딴죽을 걸었고, 유력 정치인들의 발걸음이 이어질 때는 대놓고 싫은 소리를 했다.

천주교 내부에서도 오 신부와 관련해 여러 이야기가 나왔고, 경남 거창에 제3의 꽃동네를 세우려 했을 때는 현지 신부가 앞장서서 반대해 뜻을 접어야 했다.

올봄 느닷없이 삶이 고단해져 꽃동네를 찾아가 오 신부와 대화를 나누며 많은 위안을 얻었다. "우리 가족 네 사람 먹여 살리기가 참 힘들다"고 하소연했더니 오 신부는 "나는 4000명, 그것도 '얻어먹을 힘조차 없는' 식구들을 먹여 살린다. 나는 꽃동네 식구들을 먹여 살리는 일이라면 지옥에라도 갈 것"이라고 꾸짖었다.

그러면서 한창 공사가 진행 중인 꽃동네 묘지로 데려가 "내가 세상을 떠나면 안구와 장기를 모두 기증하고 심장만 따로 떼어 이곳 한 귀퉁이에 묻을 것"이라고 말했다. 꽃동네를 위해서라면 어떤 시련과 오해도 감당하겠다는 결의나 다름없었다.

'의로운 거지'가 뿌린 한 알의 밀알이 땅에 떨어져 30년 만에 국내 최대의 종합사회복지시설이 됐다. 꽃동네 30년은 민주화 투쟁에 버금가는 한국 천주교의 자랑이다. 오 신부는 이 과정에서 하느님의 영광을 드러내는 데 사용된 하나의 도구에 불과하다.

그에게 잘못이 있다면 가난하고 소외된 사람들을 '너무 사랑'한 나머지 꽃동네를 '너무 크게' 키운 것뿐이다. 꽃동네는 이제 '오웅진 왕국'을 넘어 '하느님 왕국'으로 그 생명을 오래도록 이어갈 것이다. (2006. 9. 20.)

* 3년 전 부모님의 유해를 꽃동네 묘지에 모셨다. 이 밖에도 나는 꽃동네에 많은 것을 빚졌다.

명예 회복한
꽃동네 오웅진 신부

2007년 12월 대법원에서 업무상 횡령과 사기 등의 혐의에 대해 무죄 판결이 확정된 데 이어 최근 8년간을 끌어온 인근 광산을 상대로 한 광업권 설정 허가 및 채광 인가 취소 행정소송에서도 고등법원의 원심 판결을 뒤집는 대법원의 원고 승소 판결을 받아낸 꽃동네 오웅진 신부는 담담한 어조로 소감을 말했다.

'얻어먹을 수 있는 힘조차 없는' 이들의 보금자리였던 꽃동네가 '비리의 온상'처럼 비치고 설립자이자 정신적 지주였던 오 신부가 '파렴치한 사기꾼'처럼 매도된 혹독한 세월을 그는 묵묵히 견뎌냈다. 꽃동네를 옥죄던 송사에서 벗어났으나 인터뷰를 고사해온 그가 한밤중 찾아간 기자에게 비로소 그간의 심경을 털어놨다.

2000년 10월 충북 음성 지역 문화행사에 참석했던 오 신부는 우연히 군청 측이 꽃동네 인근에 광산을 허가했다는 얘기를 듣게 된다. 하지만 이것이 혹독한 시련의 시작이 될 줄은 상상조차 하지 못했다. 해당 행정기관에 이의 신청을 내 지하수와 환경 보전을 호소했으나 받아들여지지 않자 결국 행정소송을 내게 됐다.

밀고 당기는 줄다리기가 계속되던 2002년 5월 경찰과 군청 직원들이 합동으로 꽃동네에 들이닥쳤다. 청와대에 오 신부에 대한 횡령 및 부동산 투기 의혹과 불법 산림 훼손에 관한 진정서가 접수됐다는 것이었다.

경찰 조사 결과 '무혐의'로 결론 났으나 검찰은 사건을 넘겨받아 꽃동네에 대한 계좌 추적 등 전방위 수사를 시작했다. 2003년 1월에는 한 인터넷 매체와 방송사에서 '오웅진 신부 34억 원 횡령 의혹'이라는 뉴스가 대대적으로 보도됐다. 꽃동네는 순식간에 쑥대밭이 됐고, 오 신부는 곧바로 '죽일 놈'이 됐다.

"2002년 120억 원에 달했던 후원금이 다음 해 100억 원으로 떨어졌고 해마다 20억 원씩 더 떨어졌습니다. 정기적으로 회비를 내던 회원이 15만 명에서 10만 명으로 줄어들었지요. '꽃동네가 망하고, 인근 주민들은 다 이주하게 된다'

는 소문까지 돌았습니다.”

4000여 명의 가족이 살고 있는 꽃동네는 ‘현상 유지’조차 힘겨워졌다. 검찰은 꽃동네 수도자 등 300여 명의 참고인을 조사해 1만5000쪽 분량의 방대한 수사기록을 작성해 오 신부와 수사, 수녀, 주민, 환경운동가 등 5명을 업무상 횡령과 업무 방해 등의 혐의로 불구속 기소했다. 오 신부 등에 대한 1심 공판만 2년에 걸쳐 27회가 열렸고, 그는 그때마다 법정에 출석해 재판을 받아야 했다.

8년 만에 ‘명예’를 회복한 꽃동네는 설립 32주년인 이달 비로소 성당과 수도원, 수녀원 등 남녀 수도자들을 위한 공간을 마련했다. “가난한 사람을 구원하려면 가난한 사람보다 더 가난하게 살아야 한다”는 오 신부의 지론에 따라 그동안 300여 명의 꽃동네 수사와 수녀들은 가족들의 공간에 얹혀살거나 옥상의 조립식 가건물 등에서 생활해왔다.

“수도자들에게 ‘한 사람도 버려지는 사람이 없는 세상’, ‘모든 사람이 하느님같이 우러름을 받는 세상’, ‘이웃을 내 몸같이 사랑하는 세상’을 만들기 위해 헌신하자고 당부했습니다. 저 또한 1976년 단돈 1300원으로 꽃동네를 시작할 당시의 초심으로 돌아가 제게 맡겨진 소명을 다할 것입니다. 제게 고통을 준 사람들을 용서하지만 그들을 사랑하기까지는 시간이 좀 더 필요할 듯합니다." (2008. 9. 19.)

* 꽃동네는 2026년 창립 50주년을 맞는다. 꽃동네의 역사와 시련을 잘 알고 있는 나로서는 감회가 남다르다.

법정 스님과 함께 3박 4일 출가

불일암(佛日庵)에 다녀왔다. 전남 순천 조계산(曹溪山) 중턱에 자리한 이 암자는 '무소유(無所有)'의 법정(法頂) 스님이 1975년 초가을부터 1992년 봄까지 17년간 머물렀던 수행처다. 큰 절인 송광사(松廣寺)에서 이곳 암자까지 이르는 호젓한 오솔길과 대숲 바람소리, 그리고 단아한 암자 풍경 덕에 연중 순례자들의 발길이 이어진다.

11년 전부터 강원도 산골 화전민이 남기고 간 오두막에서 홀로 지내고 계신 스님은 일 년에 서너 차례 이곳에 내려와 사나흘씩 머물며 암자를 둘러보신다.

스님이 모처럼 불일암에 내려와 계신다는 소식을 전해 듣고 서둘러 길을 나섰다. '3박 4일의 출가(出家)'였다.

스님의 '속가제자(俗家弟子)'임을 자처한 지 10년이 넘었지만 함께 침식을 하며 남도 일대를 두루 둘러본 것은 이번이 처음이다.

암자에는 마침 스님의 네 번째 상좌(上佐)인 덕현(德賢) 스님과 첫 손(孫)상좌인 김(金)씨 성을 가진 행자(行者)가 머무르고 있었다. 귀한 인연이었다.

수류화개실(水流花開室)

'법정'이란 이름이 불교계의 양식 있는 지성으로 문명(文名)을 높이고 있을 무렵, 서울 봉은사(奉恩寺) 다래헌(茶來軒)에 머물던 스님은 돌연 모든 것을 정리해 불일암으로 들어왔다. "이대로 시국 비판이나 하며 글재주만 부리고 있다가는 옳게 중노릇 못 하겠다"는 생각에서였다. 폐허가 되다시피 한 암자를 재건해 수행에 정진하며 자연과의 대화와 독서로 심신을 추스렸다.

서울에서 원고를 정리해 넘긴 첫 산문집 『무소유』를 받아본 곳도 이곳이었다. 이후 『서 있는 사람들』, 『물소리 바람소리』, 『산방한담』, 『새들이 떠나간 숲은 적막하다』, 『텅 빈 충만』 등 주옥같은 산문집이 이곳에서 쓴 글로 만들어졌다.

어느 순간부터 스님은 이곳을 수류화개실로 부르기 시작

했다. '물 흐르고 꽃이 피는 곳'이라는 뜻이다.

언젠가 한 독자가 불쑥 불일암을 찾아와 "수류화개실이 어딘가요?" 하고 묻기에 스님은 "당신이 어느 곳에 있든지 착하고 성실하게 지내면 그곳이 바로 수류화개실"이라고 답해주셨다.

위채는 스님의 침실 겸 서실(書室)이고, 아래채는 객실과 부엌으로 쓰고 있다. 몇 해 전에는 상좌들이 힘을 합쳐 별채인 서전(西殿)을 지었다.

연중 물이 줄거나 늘지 않는 샘터와, 대나무를 바라보며 뒷일을 볼 수 있는 해우소(解憂所, 화장실)는 암주(庵主)인 스님의 빼어난 안목과 청결함으로 '명품(名品)' 반열에 오른 지 오래다.

위채에는 스님이 직접 옮겨 심은 후박나무가 넉넉한 품새로 조계산을 바라보고 있고, 앞뜰에는 파초, 도라지, 달맞이꽃이 가지런히 심어져 있다.

밤 8시경 달맞이꽃의 개화를 지켜보면서 승속(僧俗)은 일제히 탄성을 터뜨린다. 끝물의 꽃 한 송이가 망울을 터뜨리느라 애쓰고 있었다. 그 모습을 애처롭게 보다 못한 스님이 "자 기운 내거라. 밤새 너만 보고 있을 수는 없지 않느냐"고 목소리를 높이자 순간적으로 '탁' 하고 꽃망울을 터뜨리는 모습은 그야말로 '경이(驚異)'였다.

자살 직전 스님의 책을 읽고 마음을 고쳐먹은 한 남자가 불일암에 올라와 스님께 감사의 큰절을 올리고 돌아갔고, 타 종교 성직자들도 종종 암자에 들러 스님과 차 한잔을 나눈 뒤 돌아가곤 한다.

서울 여의도에 사는 한 노(老)보살은 매달 한 차례씩 이곳에 와 해우소를 청소한 뒤 당일로 서울로 올라가는 생활을 20년 가까이 해오고 있다. 아름다운 인연이다.

불일암 수칙 다섯 가지

스님이 이곳에 계실 때 저녁 해가 떨어진 후에는 어떠한 방문객도 암자 안으로 들이지 않았다. 시도 때도 없이 불쑥 찾아오는 방문객과 독자를 물리치는 일이 가장 어려웠던 일이라고 회고하실 정도다. "수행 질서를 깨뜨리지 않기 위해서는 욕을 먹더라도 그럴 수밖에 없었다"고 한다. 스님은 강원도 오두막으로 들어간 이후 번갈아 암자에서 정진하는 상좌들을 위해 5개 항의 '불일암 수칙'을 만들어 지키도록 했다.

1. 부처님과 조사의 가르침인 계행(戒行)과 선정(禪定)과

지혜(智慧)를 함께 닦는 일로 정진을 삼는다.

2. 도량이 청정하면 불(佛), 법(法), 승(僧) 삼보가 항상 이 암자에 깃든다. 검소하게 살며 게으르지 말아야 한다.

3. 말이 많으면 쓸 말이 적다. 잡담으로 귀중한 시간을 낭비하지 않고 침묵의 미덕을 닦는다.

4. 방문객은 흔연히 맞이하되 해 떨어지기 전에 내려가도록 한다. 특히 젊은 여성과는 저녁 공양을 함께하지 않고 바래다주거나 재우지 않는다.

5. 부모·형제와 친지를 여의고 무엇을 위해 출가 수행자가 되었는지 시시로 그 뜻을 살펴야 한다. 세속적인 인정에 끄달리면 구도 정신이 소홀해진다는 옛 교훈을 되새긴다.

속가의 제자는 특히 4번 수칙을 지키기가 제일 어려울 것 같다며 스님에게 어깃장을 놓는다.

상좌(上佐)

한사코 상좌 들이기를 고사했던 스님은 1983년 첫 상좌 덕조(德祖, 서울 성북동 길상사 주지)를 들인 이래 덕(德) 자 돌림으로 인(仁), 문(門), 현(賢), 운(耘), 진(眞), 일(日) 등 일곱 제자를 두었다. “내게 계를 주신 효봉 대선사와 시주(施主)들의 은혜를 갚기 위해서였다"고 하신다. 하지만 몇 해 전에 더는 상좌를 받지 않겠다고 선언하셨다. "'상좌 하나가 지옥 한 칸'인 데다 굳이 가르칠 것도 없다"는 말씀과 함께.

상좌 중에는 서울대 법대를 나온 이도 있지만 스님은 '출신성분'은 일절 따지지 않고 오로지 '중노릇 제대로 할 재목인가'만을 따져 상좌를 들였다. 올해 처음으로 맏상좌인 덕조 스님이 상좌를 맞게 됐으니 법맥(法脈)이 3대째로 이어지게 됐다.

지금 불일암에 와 있는 행자는 스님의 장(長)손상좌로 올해 만 스무 살이다. 행자는 대학 입학 후 한 학기를 마치고 인터넷 상담을 통해 출가를 결심했다. 인터넷 홈페이지가 있는 다섯 군데 절에 메일을 보낸 뒤 가장 친절하게 답신을 보내준 덕조 스님을 은사로 삼기로 하고 어느 날 부모님께 편지 한 통을 남긴 뒤 절로 들어왔다고 한다.

밝고 씩씩한 데다 힘이 세고 음식 솜씨도 좋아 스님이 무척 대견해하신다. 스님은 저녁 공양 후 차 한잔을 마시며 행자에게 "복(福)과 덕(德)의 힘으로 도(道)를 이루는 것이다. 너로 하여 네 도반(道伴)과 이웃에게까지 복과 덕이 미칠 수 있어야 한다"고 당부하셨다. 통뼈에다 어깨가 떡 벌어진 행자는 두 손을 합장하며 감사의 예를 표했다.

남도순례(南道巡禮)

이틀에 걸쳐 스님과 함께 여수, 해남, 강진의 사찰과 문화 유적지를 두루 둘러봤다. 스님은 내내 운전대를 놓지 않으셨다. 평소 스님을 따르는 여수의 원경(圓鏡) 처사 내외와 광주의 월정(月庭) 보살이 현지 안내를 맡았다.

첫날 여수에서 오랜만에 바다 풍광을 구경하기 위해 유람선에 오른 스님은 귀청이 떠나갈 듯 울려 나오는 선상 가요와 남을 아랑곳하지 않는 승객들의 고성방가에 금세 눈살을 찌푸리신다. 이전 같으면 당장 일갈을 하셨을 테지만 그럭저럭 참아내신다. 지켜보는 이들이 오히려 조마조마하다.

하지만 1시간여 달려간 돌산도(突山島) 끝자락의 향일암(向日庵) 주변에 국적 불명의 대형 요사채 건물이 떡하니 들어선 것을 보시곤 "중들이 저렇게 안목이 없으니…" 하며 혀를 차셨다.

둘째 날은 마음이 많이 편해지셨다. 다산 정약용(茶山 丁若鏞)이 18년 유배 생활 중 11년을 보내며 500권의 책을 저술한 강진의 다산초당(茶山草堂)과 고산 윤선도(孤山 尹善道)의 고택인 해남의 녹우당(綠雨堂)을 둘러보며 마음이 누그러지신 듯했다.

어느 핸가 비가 부슬부슬 오는 날 다산초당 동암(東庵) 마루에 걸터앉아 이곳에서 다산이 자식들에게 보낸 편지를 묶은 책을 펼치니 감회가 남다르더라는 말씀과 함께 "동서고금을 막론하고 무릇 모든 위대한 것은 역경과 고뇌의 산물"이라고 말씀하셨다.

동암에 걸려 있는 다산의 친필이 스님의 글씨체와 놀랍도록 닮았다. 다산이 바다 건너 흑산도에 귀양 가 있는 둘째 형 약전(若銓)을 그리며 눈물 짓곤 했다는 자리에 세워진 천일각(天一閣)에 오르니 주위 풍경이 한눈에 들어온다.

이곳에서 바닷바람을 벗 삼아 준비해온 점심과 차를 나눠 먹으니 세상 부러울 것이 없었다. 스님도 "이 밖에 무엇을 더 구하랴(此外何所求)"고 연신 감탄하신다. 녹으당에서는 선조의 유물을 잘 보관하고 관리해온 후손들의 노력을 여러 번 칭찬하셨다.

오고 가는 길에 만난 이들이 고개를 갸웃거리며 "혹시 법정 스님 아니신가요"라고 물을 때마다 스님은 "저도 그 스님을 닮았다는 얘기를 많이 듣습니다"라고 답하며 웃음으로 지나치신다.

회향(回向)

마지막 날 스님은 4시간여 차를 몰아 굳이 기자를 서울까지 데려다주신 후 곧바로 강원도 산골의 오두막으로 가셨다.

멀어져가는 스님의 소형 승용차를 바라보며 "스님, 지금 이 모습 그대로, 그렇게 오래도록 계셔주세요"라고 기원했다. 올여름 어느 누가 이보다 더 복되고 소중한 시간을 보낼 수 있었으랴. (2003. 7. 28.)

* 스님이 돌아가신 뒤로 한 번도 불일암에 가지 않았다. 하지만 스님과 함께 불일암에서 지낸 시절이 지금도 너무나 생생하다.

부처님오신날 법정 스님 인터뷰

세상이 아무리 시끄럽고 혼탁해도 부처님은 항상 그 안에 계신다. 인간의 마음과 뇌리에도 부처님이 좌정하고 계시지만 헛된 진리와 욕심에 사로잡혀 자기 안의 부처님을 발견하지 못한 채 진리를 찾아 밖을 헤매고 다니거나 향락에 몸을 던진다.

자연과의 교감을 바탕으로 한 특유의 감성과 수행으로 속세 인간의 영혼과 심성을 감동시켰던 '무소유'의 법정(法頂) 스님. 지난 2년간 일체의 글쓰기를 중단하고 강원도의 한 두메산골 오두막에서 홀로 된 자유인의 삶을 누려온 스님이 불기 2541년 '부처님오신날'을 맞아 모처럼 서울 나들이를 하셨다.

20리 길을 걸어 내려와야 인가가 있는 곳에 거처를 정하신 지 어느덧 6년째로 접어듭니다. 근황은 어떠신지요.

__지난 1992년 4월에 17년간 지내온 전남 순천 조계산 중턱 불일암(佛日庵)을 내려와 전기도 전화도 들어오지 않는 산골짜기로 들어왔습니다. 한곳에 오래 살면 안이해지고 타성에 젖게 되기 때문에 다시 새롭게 출가(出家)하는 마음으로 불일암을 떠났던 것입니다.

무엇보다 내 식대로 살 수 있어 좋습니다. 밤에 촛불과 등잔 밑에서 책을 읽거나 자연의 소리를 듣다 보면 우리가 문명의 이기(利器)에 너무 길들여져 정말 소중한 것들을 잃어버린 채 살고 있다는 생각이 들곤 합니다. 전등불은 그림자가 없으나 촛불과 등잔불은 그림자가 있습니다. 매일 밤 촛불과 등잔불의 그림자 아래에서 인간의 근원과 뿌리를 생각하고 빛에 대한 고마움을 사무치게 느끼게 됩니다.

스님의 거처는 해발 800미터 지점에 자리 잡고 있다. 5월 중순경에야 봄이 오고 11월 초부터 얼음이 얼기 시작하는 오지 중의 오지. 남녘에선 일찌감치 져버린 진달래가 요즘에서야 피기 시작했고 소쩍새와 뻐꾸기 울음소리도 들려오기 시작했다고 한다. 며칠 전에는 우박이 내렸다.

지난 2년여 동안 사실상 절필 상태로 지내오신 연유를 궁금해하는 이들이 많은 것 같습니다.

__이런저런 인연으로 글을 너무 많이 쓴 데 대한 자책으로 그런 것입니다. 출가한 사람은 세상에 대해 꼭 할 소리만 해야 하는데 습관적으로 글을 쓰다 보니 내 안에 고인 것들이 모두 빠져나간 것 같은 생각이 들었어요.

옛 선사(禪師)의 법문(法文)에 '때로는 높이높이 봉우리 위에 서고 때로는 깊이깊이 바다 밑에 잠기라(高高峰頂立 深深海底行)'는 말씀이 있는 것처럼 제게도 침묵하는 기간, 성찰의 시간, 자기 응시의 순간이 필요하다고 판단해 글빛을 정리하기로 한 것입니다. 이제 이럭저럭 2년여의 기간이 지났으니 6월경부터 새로운 마음가짐으로 독자들을 뵙도록 할 생각입니다.

오랜만에 서울 나들이를 하신 스님에게 산중(山中)의 일만을 여쭤볼 수는 없었다. 요즘 세상 돌아가는 일로 화제를 옮겼다.

우리나라에 언제 태평성대가 있었느냐는 사람들도 있지만 작금의 현실은 정말 심각한 것 같습니다.

__올해 첫날 산중에는 바람이 심하게 불었습니다. 어지러울 정도로 바람이 휩쓸고 다니는 것을 보면서 올 한 해는 세상이 무척 시끄럽겠다고 생각했습니다. 워낙 엄청난 일이

많이 생기는 것을 보면서 뭔가 세기말적인 현상이 벌어지고 있는 것을 느끼게 됩니다. '가질 만큼 가지고 차지할 만큼 차지한 이후 인간의 삶의 질'에 대해서도 생각해봅니다. 결국 삶의 질은 '인간의 가슴이 따뜻해지는 일'이라는 결론을 내리게 됩니다.

없이 살아도 사람의 가슴이 따뜻해지면 우리의 삶은 훨씬 풍요로워질 겁니다. 한 세대 전 우리들은 연탄 한 장, 쌀 한 되에도 감사하는 마음을 가졌습니다. 결국 '나부터 새롭게 시작하는 길밖에 없다'는 결론에 이르게 됐습니다. 개인이 자기의 삶을 새롭게 구축하지 않는 한 우리 시대와 사회는 결코 변화할 수 없습니다.

이러한 난국을 어떻게 해야 극복해나갈 수 있겠습니까.

__산에서 곰곰 생각해보니 우리 사회가 어느덧 부계 중심의 사회에서 모계 중심의 사회로 무게중심이 옮아가는 것 같습니다. 가정의 경제권과 자녀들에 대한 교육권, 대소사에 대한 결정권을 어머니들이 주도적으로 행사하고 있는 현실입니다.

그런 점에서 어머니들의 깨달음이 없이는 병든 사회를 구출해낼 수 없다는 생각을 갖게 됐습니다. 결코 우먼파워나 페미니즘을 의식한 것은 아닙니다. 가정뿐 아니라 환경

오염, 과소비, 사회적 비리 등 우리 사회가 직면하는 모든 문제에 대한 어머니들의 '창조적 각성'이 필요한 때입니다.

우리가 직면하고 있는 이 총체적 난국도 결국 모성적(母性的) 지혜와 사랑을 통해 극복해나가야 한다고 봅니다. 집안에서도 어려울 때 어머니의 지혜와 사랑으로 문제를 해결하듯 비리와 부정으로 상처투성이가 된 우리 사회도 어머니의 관용과 아량으로 서로를 감싸주어야만 치유해나갈 수 있다고 생각합니다.

김영삼 대통령 차남 현철 씨 비리 사건은 어떻게 받아들여야 하겠습니까.

__현철 씨와 그 측근들의 비리는 결국 제 분수를 넘은 욕망 때문으로 볼 수 있습니다. 자기 그릇의 크기를 알지 못해 빚어진 일이지요. 끼니와 자녀 교육비, 병 치료를 위해 돈을 받았다면 이해가 가지 않는 것도 아니지만 돈과 명예를 가질 만큼 가졌고, 남들이 부러워할 위치에 있는 이들이 검은돈을 주고받은 것은 탐욕으로 볼 수밖에 없습니다.

하지만 이제 와서 누구를 탓하고 책임을 물을 단계는 아니라고 봅니다. 또 이 같은 결과가 빚어지게 된 데에는 국민 모두에게도 책임이 있습니다. 결과적으로 그런 이들을 지도자로 뽑은 우리들도 책임을 면할 수 없기 때문입니다.

내친 김에 김 대통령의 하야와 전두환, 노태우 전 대통령의 사면에 대한 스님의 생각을 넌지시 여쭤보았다. 잠시 생각을 정리하던 스님은 차분하지만 확신에 찬 어조로 소신을 피력했다.

__지금 우리가 겪고 있는 커다란 소용돌이 속에서 대통령의 하야가 능사는 아니라고 생각합니다. 어떤 경우든 헌정 중단 사태가 있어서는 안 됩니다. 다음 우리나라를 이끌어갈 지도자를 위해서라도 그런 불행한 사태가 생겨서는 안 됩니다. 국민이 대통령의 과(過)와 허물을 너그럽게 이해하면서 난관을 극복한 뒤 새로운 정부를 맞이하는 것이 좋겠다는 것이 저의 소망입니다.

덧붙여 전두환, 노태우 두 전직 대통령에 대해서도 그분들이 이미 자신들의 죄과에 대한 법률적, 사회적 단죄를 받을 만큼 받았으니 나머지 인과응보는 우주 질서에 맡기고 적절한 시기에 법률적 아량을 베풀어주는 것이 좋겠다는 것이 제 생각입니다.

21세기를 이끌어갈 다음 대통령은 어떠한 자질을 갖춘 사람이어야 한다고 보시는지요.

__첫째, 거짓말하지 않는 정직한 사람이어야 합니다. 자신

의 말을 끝까지 책임질 수 있는 사람을 말하는 것입니다. 둘째, 돈과 권력에 오염되거나 도취하지 않는 사람이면서 국민을 자신의 가족보다 더 공경하고 두려워할 줄 알아야 합니다. 마지막으로 국가 경영과 통일에 대한 확고한 경륜과 포용력을 지닌, 가슴이 따뜻하고 넓은 사람이기를 바랍니다.

다음 대통령은 진심으로 국민의 사랑과 존경을 받을 수 있는 인물이 돼야 하며, 이른바 대선주자들은 자신이 진정 그러한 자격이 있는 사람인지를 겸허하게 되돌아봐야 한다고 생각합니다.

교회 장로인 김영삼 대통령의 신앙생활에 대해 불교계는 여러 차례 '불편한 심기'를 드러낸 바 있다. 불교계의 존경받는 어른인 스님은 천주교 춘천교구장인 장익 주교와 오랫동안 남다른 교분을 나눠왔고, 일면식도 없는 꽃동네 오웅진 신부에게 성금을 전달하는 등 타 종교인들과도 격의 없이 지내왔다.

대통령의 바람직한 신앙생활은 어때야 한다고 생각하십니까.

__개인의 신앙생활은 문제 삼을 것이 없다고 봅니다. 하지만 국정의 최고책임자는 자기 종교의 종파적 편견에서 벗어나 타 종교인들도 존중해주어야 한다고 생각합니다. 종교인

들도 대통령의 신앙이 나와 다르다고 해서 일일이 시비를 거는 태도는 버려야 합니다.

모든 종교가 주장하는 보편적 선(善)은 같으며, 또한 모든 종교는 '자비의 실현'이자 '사랑의 실천'을 공동 목표로 하고 있습니다. 다만 종교가 탄생한 시대와 역사·문화적 배경에 따라 그 표현이 다를 뿐입니다. 사람의 입맛이 다르듯 종교에 대한 생각도 각기 다른 것입니다.

『임제록(臨濟錄)』에는 '스승을 만나면 스승을 죽이고 조사(祖師, 한 종파를 세운 사람)를 만나면 조사를 죽이라. 그리고 부처를 만나면 부처마저 죽이라'는 말씀이 있습니다. 여기서 '죽이라'는 것은 '극복하라'는 뜻이지요. 그 어떤 것에도 구애받지 않고 모든 것을 딛고 일어서서 안팎으로 자유로워지는 것이 바로 해탈이요 부처님의 진정한 가르침입니다.

스님은 10년가량 고사한 끝에 한 독지가로부터 3공화국 시절 정·재계 거물들의 사교장으로 이름을 떨쳤던 서울 도심의 대원각(大苑閣)을 시주받았다. 일평생 종단의 직책이나 사찰의 주지 맡기를 단호히 거부했던 스님은 '시절 인연'에 따라 대원각을 이 시대 한국 불교를 상징하는 수도와 교화, 봉사의 도량으로 발전시켜나가는 일에 원력(願力)을 쏟고 있다.

__사찰 이름은 길상사(吉祥寺)로 정했고, 그동안 이 일을 많이 도와주신 청학(青鶴) 스님에게 주지를 맡겼습니다. 6월부터 절에 조그만 부처님을 모시고 창건을 위한 100일 기도 입재식(立齋式)에 들어갈 예정입니다. 시주자의 귀한 뜻이 있으니만큼 부처님의 가피(加被, 보살핌)가 있을 것입니다.

불일암 시절 스님은 마음에 드는 책을 여러 권 쌓아두고 찾아오는 이들에게 권해주곤 했다. 최근에는 일본 법륭사의 대목수(大木手)인 니시오카 쓰네카쓰(西岡常一)가 쓴 『나무의 마음 나무의 생명』이 특히 마음에 들었노라고 추천하신다. (1997. 5. 13.)

* 스님이 추천해주신 책들을 열심히 읽었고 주변의 여러 사람들에게도 선물했다.

법정 스님과 신도들의 즉석 문답

법정 스님이 최근 펴낸 산문집 『아름다운 마무리』가 외환위기 때보다 상황이 더 나쁘다는 서점가에서 발매 한 달 만에 12만 부가 판매되는 등 관심을 모으고 있다. 최악의 경제 위기를 맞아 어디에선가, 누군가로부터 위로를 받고 싶어 하는 이들에게 마음의 위안이 되는 메시지여서 그런지 연말연시 선물용으로 단체 주문이 쇄도하고 있다고 한다.

어느 날 서울 성북구 길상사에 들른 스님과 호젓하게 차 한잔을 나누며 대화를 나눴다. 지난해 몹시 편찮으셨으나 예전의 건강한 모습을 회복한 스님은 "보시다시피 다 좋아졌다. 근데 강원도는 너무 추워서 이번 겨울은 따뜻한 남쪽에서 보낼 생각으로 거처를 알아보고 있다"고 말했다.

이날은 마침 길상사 경전반과 기초교리반 수강생이 합동으로 스님의 설법을 듣는 시간이었다. 설법전을 가득 메운 400여 명의 신도는 웃거나 눈물 짓고, 때론 무릎을 치며 스님의 말씀을 경청했다.

1시간에 걸쳐 부처님의 생애에 대해 강의한 스님은 "모든 것은 변한다. 게으르지 말고 부지런히 정진하라"는 부처님의 유언으로 강의를 맺었다. 신도들이 고대하던 질의응답 시간이 이어졌다. 다소 장황한 질문은 길상사 주지인 스님의 맏상좌 덕조 스님이 '통역'했다. 이처럼 소탈한 질문과 답변을 듣는 일은 드물다.

겸손한 사람이 되려면 어떻게 하면 될까요.

__ 일단, 내가 겸손하지 않기 때문에 답할 자격이 없다고 생각합니다(폭소). 하지만 오만이 내게 도움이 되는지, 아니면 겸손이 도움이 되는지 한번 잘 생각해보세요. 인간은 원래 겸손한 존재입니다. 오만한 생각을 버리면 겸손이 드러날 것입니다.

참 살기 힘든 세상입니다. 이것이 제 업(業)이라면 어떻게 받아들여야 하겠습니까.

__ 불교에서 '사바세계'란 '참고 견뎌야 할 세상' 또는 '겨우 견딜 만한 세상'을 말합니다. 세상만사가 우리 뜻대로 된다면 얼마나 좋겠습니까만 그렇지 않아요. 하지만 이 때문에 인간들이 노력을 하게 되고, 여기에 삶의 묘미가 있지요. 또

힘든 일을 극복해가는 과정에서 인간이 더욱 성숙해지는 것입니다.

평소 '마음을 열라'고 하셨는데 구체적인 방법은.

__달마 선사께서 이렇게 말씀했습니다. '마음, 마음, 마음이여 알 수 없구나. 너그러운 때는 온 세상을 다 받아들이다가도, 한 생각 뒤틀려 옹졸해지면 바늘 하나 꽂을 곳이 없구나.' 이처럼 온 세상 다 받아들일 수 있는 게 우리 마음이고, 좋은 것을 남과 함께 나눌 수 있는 마음이 곧 '열린 마음'입니다.

다른 종교에 비해 불교가 상대적으로 포교 노력이 부족한 것 같은 느낌을 갖게 되는데요.

__아무래도 불교는 전통적으로 포교보다는 구도(求道)의 종교이기 때문인 것 같아요. 불교계가 분발해야 하지만 불자들이 제대로 생활하면 저절로 포교가 된다고 봅니다. 포교는 본질적으로 남을 감화시켜야 합니다.

인간은 왜 그렇게 종교에 집착하고, 절이나 교회를 떠나지 못합니까.

__모든 종교로부터 자유로워져야 한다는 것이 내 종교관입니다. 절대 종교에 얽매이지 마세요. 특히 종파적이고 원리

적인 종교관에서 벗어나야 합니다. 불교든 비(非)불교든 자기 종교의 좁은 길로 가지 말고 크고 넓은 보편적인 신앙의 길로 가야 합니다. 종교적 주관은 잃지 말되, 신앙생활 한다는 냄새는 피우지 마세요. 종교 때문에 가족, 친구들과 다퉈서도 안 됩니다.

고등학교 3학년인데, 새로운 사람을 만날 때 어떤 마음가짐을 가져야 하겠습니까.

__중이 어떻게 고3의 마음을 알겠습니까(폭소). 다만, 마음 열리는 대로 하되 틀에서는 벗어나는 것이 좋겠습니다. 부모들은 제발 아이들을 종교의 틀에 가두지 마세요. 싹수가 없어집니다. 부모의 잣대로 애들을 재서는 안 됩니다.

자식은 어떤 인연으로 부모에게 오는지요.

__자식이 있어봤어야 알지…(폭소). 어떤 경전에 '남자는 그 엄마가 좋아서 태중에 들어가고, 여자는 아빠가 좋아서 그 집에 들어간다'는 말이 있습니다. 인과론적으로 보면 좋은 인연으로 부모·자식으로 만날 수도 있고, 원수끼리 애를 먹이기 위해 그렇게 될 수도 있습니다. 이 경우, 어느 한쪽에서 먼저 마음을 열고 전생의 악업을 끊어버려야 합니다. 신앙인들이 특히 그래야 합니다.

불자들은 타 종교에 비해 착한 대신, 잘살지는 못한다는 말도 있는 것 같습니다. 교리에 문제가 있는 것 아닙니까(웃음).

__좋은 질문입니다. 일본은 90퍼센트가 불교 신도지만 세계적인 경제대국입니다. 세계 60억 명의 인구 중 내가 과연 가난하고 불쌍한 사람인가를 생각해봐야 합니다. '굶지 않고 먹고살 만하면 잘사는 것'이라고 생각하세요. 부의 가치는 결코 물질에 있지 않아요. 물론 잘살아야 합니다. 하지만 각자의 그릇이 있습니다. 그릇이 차고 넘치면 화를 부릅니다. 자족(自足)하세요.

법회가 끝난 뒤 주지 스님 방에서 법정 스님과 차 한잔을 나누며 저간의 궁금한 점을 여쭸다.

몹시 편찮으셨다고 들었던 터라 『아름다운 마무리』라는 책 제목이 마음에 걸리던데요.

__책 내용은 그렇지 않아요. '삶은 순간순간이 아름다운 마무리이자 새로운 시작이어야 한다'는 메시지를 담고 있어요. 아름다운 마무리는 나를 얽어매고 있는 구속과 생각들로부터 벗어나 자유로워지는 것, 삶의 예속물이 아니라 삶의 주체로서 거듭나 진정한 자유인에 이르는 것을 말합니다.

경제가 어렵고 사람들이 살기 힘듭니다. 어떻게 이 험난한 시절을 넘겨야 하겠습니까.

__재화는 한정돼 있는데 탐욕스러운 성장을 지속적으로 추구해온 인류에 대한 경고입니다. 하지만 결코 낙망하거나 좌절해서는 안 됩니다. 이럴 때일수록 나보다 더 어려운 사람을 돌보는 선업(善業)을 쌓아야 화(禍)가 복(福)으로 돌아옵니다. (2008. 12. 17.)

＊나중에 알게 되었지만 이 무렵 스님의 병환이 깊어졌다.

법정 스님과의 첫 만남, 그리고 작별

언젠가 스님과 이별하게 될 것이라고 짐작하지 않은 것은 아니지만 이렇듯 현실이 되니 온몸이 무너져내리는 것만 같다. 2008년 초 스님이 폐암 진단을 받으셨다는 사실을 처음 알게 된 날 나는 "왜? 산중 공기 좋은 곳에서 담배도 안 피우고 지내신 스님에게 그런 몹쓸 병이…" 하며 신을 원망했다.

하지만 주변에 폐암을 이겨내신 분들의 사례를 알고 있기에 스님께서 능히 극복해내실 수 있을 거라고 믿으면서 회복을 기도했다. 하지만 길상사 행지실에서 스님의 법구(法軀, 시신)를 보면서 이생에서 스님과의 만남은 이것으로 끝났음을 인정해야 했다.

그렇더라도 언젠가 스님의 암자에서 스님과 함께 외우던 미당의 시 한 구절을 떠올리면 스님과의 인연은 어떤 식으로든 다시 이어질 것만 같다. 스님께서는 평소 '나는 전생에 수도자였고, 내생에도 분명 수행자로 태어날 것'이라고 말씀하시곤 했다. 또 '큰스님'이 아니라 '작은 스님'이 되고 싶어 하셨다.

'섭섭하게, 그러나 아조 섭섭지는 말고 좀 섭섭한 듯만 하게/ 이별이게, 그러나 아주 영 이별은 말고 어디 내생에서라도 다시 만나기로 하는 이별이게/ 연꽃 만나러 가는 바람 아니라 만나고 가는 바람같이/ 엊그제 만나고 가는 바람 아니라 한두 철 전 만나고 가는 바람같이'(「연꽃 만나고 가는 바람같이」, 미당 서정주)

스님을 처음 만나 뵌 것은 20년 전인 1990년 8월 초였다. 문화부 기자로 전남 순천 송광사에서 매년 여름 일반인을 대상으로 실시하는 '출가 3박 4일' 프로그램을 취재하러 내려간 길이었다. 당시 스님은 이 프로그램의 책임을 맡고 계셨다.

나는 솔직히 '취재'보다는 스님을 만나 '인터뷰' 기사를 쓰게 되기를 고대했다. 스님이 언론과의 인터뷰를 아주 싫어하시고, 다정다감한 글과는 달리 매우 깐깐하시다는 얘기는 익히 들어 알고 있었다.

수련생들이 오후 참선을 마치고 잠시 계곡 물에 발을 담근 사이 스님을 찾아갔다. “스님과 차 한잔 나누며 좋은 말씀을 듣고 싶어 서울에서 내려왔습니다”라며 조심스럽게 운을 떼었더니 아니나 다를까 손사래를 치며 일언지하에 거절하신다. “그럼 차 한잔만 마시고 가겠습니다” 하며 물러섰더니 “오늘은 해가 떨어져서 곤란하니 큰절에서 주무시고 내일 아침 내 암자로 올라오시오” 하며 여지를 주셨다.

스님께서 수행 질서를 지키려고 해가 저문 후에는 어떤 방문객도 받지 않으신다는 것을 나중에야 알았다.

다음 날 아침 큰절에서 20분가량 떨어진 산중에 자리 잡은 스님의 암자인 불일암(佛日庵)에 올라갔다. 스님의 성품처럼 고즈넉하고 깔끔한 암자였다. 수발드는 상좌도 없이 스님은 홀로 수행생활을 하고 계셨다.

스님은 어제의 근엄하고 딱딱한 모습과는 달리 다실에서 손수 차를 달여주시며 다정하게 대해주셨다. 수첩에 스님 말씀을 받아 적는 것도 제지하지 않으셨고, 나중엔 손수 심은 후박나무 아래서 사진 촬영도 응해주셨다. 인터뷰를 승낙하신 셈이었다. 날아갈 듯 가슴이 콩닥콩닥 뛰었다.

신문에 실린 인터뷰 기사가 그럭저럭 정리가 잘됐다고 생각하셨는지 이후 이런저런 기회로 스님을 뵐 때마다 친근감을 갖고 대해주셨다. 서울에 오시면 연락을 주셨고, 새 책을 출판하시면 친필 사인을 해주시곤 했다. 기독교인인 나는 어느덧 스님의 유발상좌(속가의 머리 기른 제자)를 자처하기 시작했고 스님도 너그러이 인정해주셨다.

휴가 때 가족과 함께 불일암에 가서 스님을 뵙고 오기도 했고, 선후배와 지인들을 데리고 찾아뵐 때도 있었다. 스님은 내 영혼의 스승이었고, 불일암은 내 마음의 안식처였다. 하안거를 마친 스님과 함께 3박 4일간 해남, 강진 등 남도 일대의 산천을 유람한 것은 내 인생에서 영원히 잊을 수 없는 소중한 추억이다.

스님이 1992년 강원도 산골로 거처를 옮긴 후 5년여 동안 원고 심부름을 한 것도 소중한 인연이다. 스님은 동아일보에 한 달에 한 번씩 「산에는 꽃이 피네」를 연재하시면서 매번 육필로 원고를 작성해 친히 서울로 오셨다.

스님께 큰절을 올린 뒤 원고를 받아 꼼꼼히 읽어보고 궁금한 대목을 여쭤본 뒤 점심과 차를 함께 나누고 회사로 돌아오면 서너 시간이 걸리곤 했으나 늘 행복했다. 오탈자가 나는 것을 몹시 언짢아하시기 때문에 원본을 복사해 편집부에 보내고 신문이 나올 때까지 몇 번이고 원본과 대조하며 교정을 봤다.

폭우나 폭설로 하루이틀 원고가 늦어지면 스님의 안부 걱정으로 잠을 못 이룬 적도 있었다. 스님의 육필 원고는 지금도 가보처럼 소중하게 보관하고 있다. 이 밖에 지난 20년간 법정 스님에게서 받은 불은(佛恩)은 말과 글로는 도저히 담아낼 수 없을 정도로 많다. 그런 점에서 나는 과분한 축복을 받았다고 생각한다.

내가 단 한 번도 스님을 취재원으로 생각하지 않았고, 스님 또한 나를 기자로 대하지 않으셨다는 점이 비결이라면 비결일 것이다. (2010. 3. 13.)

* 속세 상좌인 내가 스님의 추도문을 쓰게 될 줄은 꿈에도 몰랐다. 스님께서는 너무 일찍 우리 곁을 떠나셨다.

설악 무산 오현 스님, 그 흔적과 기억

– 대자유(大自由), 대무애(大無碍), 대순정(大純情)

신문사 논설위원 시절부터 나는 감히 그렇게 말하곤 했다. “나는 하나님과 예수님을 믿는 기독교인이다. 하지만 내 오른쪽에는 영혼의 은사인 법정 스님(1932~2013)이 계시고, 왼쪽에는 설악 무산 오현 스님(1932~2018), 마음 한가운데는 김수환 추기경님(1922~2009), 그리고 머리 위에는 예수님이 앉아 계신다”고.

돌이켜 생각하고 음미해볼수록 얼마나 가소롭고 자아도취적 주장인가. 하지만 지금 이 순간에도 나는 그렇게 믿고 있고, 주변 사람들에게도 그렇게 주장하며 산다. 50여 년 된 기독교 신자인 나는 달라이 라마께서 말씀하신 대로 “자기의 종교에 신념을 갖되, 다른 종교는 인정해줘야 한다”는 소신을 갖고 있다.

설악 무산 오현 스님과의 인연은 아마도 문화부 기자 초년 시절 종교 담당으로 일하기 시작한 1988년경이었던 것 같다. 당시 스님은 '10·27 법난(法難)'으로 집도 절도 모두 빼앗긴 채 '낙척거사(落拓居士)'처럼 지내고 계셨다. 취재차 조계사 건너편 법보신문사에 가면 이따금 편집국장실이나 사장실 한구석에서 중진 스님들의 '48권 화엄경 법회'가 열리곤 했다.

30대 초반의 어린 마음에 솔직히 처음에는 눈살이 찌푸려졌으나 몇 달이 지나자 금세 익숙해졌다. 저렇듯 '솔직담백하고 인간적인 모습'이 1700년을 이어져 내려오는 한국불교의 '매력'일 수도 있겠다는 생각이 들어서였다. 아마도 이때 내 맘속에서 작은 불성(佛性)의 씨앗이 발아(發芽)하고 있었던 모양이다.

그렇게 6개월여가 지났을 무렵이다. 법회(?)에서 늘 호구(虎口)처럼 패를 읽히고 돈을 잃으면서도 동자승 같은 미소를 짓곤 했던 중진 스님이 잠시 차를 한 잔 들이켜시고 나서 내게 툭 한 말씀 던지셨다.

"조계종에 오래 출입한 일부 기자들이 종정이네 총무원장이네 사칭하면서 스님들 알기를 개떡같이 하고, 종단 간부 스님들에게 반말을 하는 사람도 많다. 그런데 너는, 교회 열심히 다닌다는데 나 같은 땡초를 만나도 꼬박꼬박 합장으로 인사를 하고, 존댓말을 하는 게 기특하다"고 하셨다. 오현 스님과의 본격적인 인연은 이렇게 시작됐다.

오현 스님이 정식 등단한 시조시인으로 상당한 필력을 가진 분이라는 사실과, 가난에 찌들어 동진출가(童眞出家)할 수밖에 없었으며, 오로지 먹고살기 위해 문둥이 부부와 지내는 등 험난한 젊은 시절을 보낸 분이라는 사실, 벌난으로 '집도 절도 없이' 지내신다는 얘기도 이 무렵에야 들었다.

하지만 스님은 그야말로 고수(高手) 중의 고수셨고, 한두 수(數) 앞이 아니라 열 수, 백 수를 내다보셨으며, 열 길 마음 속이 아니라 백 길 사람의 마음을 짐작하셨다. 30년 기자 생활을 하면서 국내외에서 수없이 많은 정치인과 경제인, 지식인, 종교인, 문화예술인, 딴따라는 물론 조폭에 양아치까지 만났지만 나는 설악 무산 스님처럼 백 수 앞을 내다보는 분을 알지 못한다.

문재인 정권에서 박해를 받은 양승태 대법원장은 독실한 기독교인이지만 공·사석에서 "제가 가장 존경하는 어른은 오현 스님"이라고 당당하게 말하곤 했다.

이쯤 해서 스님과 나만의 이야기 또는 일화 몇 토막을 털어놓지 않을 수 없다. 우선 생각나는 건 2015년 3월 백담사 무금선원에서 열린 동안거 해제 법회 때 이야기다. 석 달여 동안 무문관(無門關)에서 젊은 수좌들과 똑같이 용맹정진한 뒤 해제 법회에 나온 스님은 만행(萬行)을 떠날 선승들에게 돌연, 절집에서 듣도 보도 못한 영어 화두를 꺼내 드셨다.

"스테이 풀리시, 스테이 헝그리(Stay Foolish, Stay Hungry)."

이 무슨 귀신 씻나락 까먹는 소리란 말인가. 스님이 수좌들을 향해 말씀하셨다. "무슨 말인지 알아? 알아맞히는 사람한테 내가 상금으로 100만 원을 주겠다." 법당에 있던 수좌들을 비롯해 사부대중들 사이에는 침묵만이 흘렀다. 스님이 덧붙이셨다.

"나한테 장학금을 받는 한 학생이 날 찾아 백담사에 왔다가 안거 중이라 못 만나니까 시자를 통해 쪽지를 넣어줬어. 나더러 '노망해도 괜찮아'라고 하더군."

10월부터 인적이 끊기는 백담계곡 산중 깊은 곳에 틀어박혀 '이 뭣꼬'를 화두의 핵심으로 알고 정진해온 불제자들이 애플의 창업자인 스티브 잡스(1955~2012)가 2005년 스탠퍼드대학의 졸업 연설에서 강조한 21세기 최고 연설의 핵심 요지를 어떻게 알겠는가? 운 좋게도 그의 명연설에 대한 신문 기사와 동영상을 통해 정답을 알고 있던 내가 정적을 깨고 손을 들었다. 그때까지 내가 그 자리에 와 있는 줄 모르셨던 스님이 미소를 지으시더니 "그래 답을 알면 말해 보거라", "예 스님. 진리를 구하기 위해서는 백담사 동안거 석 달뿐 아니라 죽을 때까지 끊임없이 탐구하고, 끊임없이 어리석어야 한다는 뜻입니다."

스님이 얼굴 가득 미소를 지으시더니 "맞다. 이리 나오너라" 하시면서 100만 원 짜리 수표를 내게 상금으로 주셨다.

그런데 또 이 무슨 낭패란 말인가. 스님이 또 영어 화두 하나를 꺼내놓으셨다.

"자, 그럼 '스테이 위어드, 스테이 디퍼런트(Stay Weird, Stay Different)'는 또 무슨 뜻이더냐."

앞서보다 더 어색한 침묵이 길게 이어졌다. 운 좋게도 정답을 알고 있었던 나는 내친 김에 다시 손을 들고 자리에서 일어났다.

"예, 스님. 얼마 전에 전 세계에 중계된 2015년 제87회 미국 아카데미상 시상식에서 영화 〈이미테이션 게임〉으로 각색상을 받은 그레이엄 무어의 수상 소감으로, '조금 별나거나 달라도 괜찮다. 있는 그대로 자신을 받아들이라'는 뜻입니다. 제가 생각하기에 스님이 이 두 말씀을 엄숙한 동안거 해제 자리에서 하신 의도는 '진리를 찾는 길은 멀고 험난하지만 그 과정에서 크게 어리석어도 괜찮고, 늘 갈구해야 하며, 주위 사람들에게 좀 괴상하게 비쳐도 되고, 남과 달라도 상관없다는 법문을 주신 것으로 새기고 있습니다."

답을 들으신 스님이 파안대소를 하면서 다시 100만 원짜리 수표를 꺼내셨다. 하지만 나는 받지 않았다. 세상 소식에 관한 얄팍한 지식으로 동안거의 혹독한 수행을 마친 수좌 스님들을 곤혹스럽게 한 부끄러움으로 고개를 들 수 없었다. 하지만 이 '21세기 백담사판 법거량(法擧量)'과 '오현당 표 선문답(禪問答)'을 목격한 영광에 감격했다. 하지만 당시 현장에 중앙 일간지 기자들은 단 한 명도 없었다. 그래서 서둘러 후배 종교 담당 기자들에게 전화를 걸어 한국 불교사에 남을 한 장면을 상세히 설명해주었다. 이 이야기는 하루 이틀 건너 신문 문화면에 비중 있게 보도됐다.

스님은 절집의 큰어른이면서 시봉(侍奉) 드는 상좌 하나 없이 서울 강남의 오피스텔이나 강남구 신사동 '만해사상 실천연구회' 사무실에서 '독거노인'처럼 홀로 지내셨다. 전기밥통으로 밥을 지은 뒤 주먹밥처럼 뭉쳐 냉장고 냉동실에 쌓아두셨다가 식사 때도 맞추지 않고 레인지에 데워 궁상맞게 드시는 것을 보면 늘 마음에 걸렸다.

그래서 어느 날 작심하고 "이제는 연세도 있고 하시니 시봉도 받고 그러시지 웬 궁상이시냐"고 한마디 했다. 그러자 스님은 대수롭지 않게 말씀하셨다. "나도 한때 노스님을 시봉했는데 어찌나 힘들었는지 몰라…. 내가 그때 '혹 내가 나중에 수백, 수천의 상좌를 거느리게 될지라도 절대 시봉은 받지 않겠다'고 결심했어." 나는 죽비로 뒤통수를 한 대 얻어맞은 것 같은 충격을 받았다.

어느 핸가 스님은 신사동 '만해사상 실천연구회'에서 두

문불출하시면서 삼시 세 끼 막걸리만 드시며 식음을 전폐하다시피 하셨다. 소문을 듣고 찾아갔더니 테이블 옆의 해골상(像)을 쓰다듬으며 나 들으라는 듯 "이게 나다. 나 얼마 안 있어 갈기다" 하시는 것이었다.

나는 "무슨 그런 말씀을 하십니까. 많은 사람들이 스님을 따르고 좋아하는데 그렇게 무책임한 말씀을 하시면 덕이 안 됩니다"라고 했다. 그러나 스님은 마치 자신의 열반을 준비하고 계시는 듯 단호한 표정을 지으셨다.

겁이 더럭 난 나는 평소 스님이 '한산(寒山)과 습득(拾得)'처럼 가깝게 지내시는 정휴 스님에게 연락해 내가 목격한 상황을 설명한 뒤 도움을 청했다.

며칠 뒤 정휴 스님이 전화를 주셨다.

"제가 오현당한테 다녀왔습니다. '이렇게 어리석은 짓을 하면 어떻게 하느냐. 우리가 아직 못다 이룬 일들이 있지 않느냐. 이렇게 곡기를 끊고 있다 홀연히 떠나면 당신을 좋아하고 따르던 뒤에 남은 사람들은 뭐가 되느냐. 그러니, 우리 자연스럽게 세상 마칠 때까지 그냥저냥 살자'고 했습니다. 결국 오현당이 제 말을 듣기로 했어요. 오 국장이 연락 안 해줬으면 몰랐을 텐데 뒤늦게 찾아가서 마음을 돌리게 했으니 고맙소이다…."

어느 땐가 스님은 신병으로 삼성서울병원 특실에 입원하

신 적이 있었다. 스님을 존경하는 신도 한 분이 특별히 마련한 병실이었다. 병실치고는 너무 호화롭다고 느낀 스님께서 주위 사람들에게 슬그머니 물으셨다.

"도대체 무슨 병실이 이렇게 크고 깨끗하냐. 하루 방값이 얼마고?", "스님, 뭘 그런 걸 다 물으십니까? 저희들이 다 알아서 합니다.", "그래도, 중이 이런 호화 병실에 묵으면 사람들이 뒤돌아서서 욕한다. 얼마고?", "하루 100만 원 정도 된다 캅니다….", "뭐?" 스님은 그날로 퇴원해버렸다. 아무도 말릴 수 없었다.

스님이 입적하신 뒤 문재인 대통령이 자신의 페이스북에 남긴 메시지가 의미심장하다. 현직 대통령이 특정 스님의 입적과 관련해 자신의 개인 SNS에 스님과의 인연을 소개하며 애도를 표시하는 것은 아마도 처음일 것이다. 문 대통령이 페이스북에 올린 내용 중에 이런 것이 있다.

"불가에서 '마지막 무애도인'으로 존경받으셨던 신흥사와 백담사 조실 오현 스님의 입적 소식을 들었습니다. 저는 그의 한글 선시가 너무 좋아서 2016년 2월 「아득한 성자」와 「인천만 낙조」라는 시 두 편을 페이스북에 올린 적이 있습니다. 이제사 털어놓자면, 스님께선 서울 나들이 때 저를 한 번씩 불러 막걸리 잔을 건네주시기도 하고, 시자 몰래 슬찍슬쩍 주머니에 용돈을 찔러주시기도 했습니다. 물론 묵직한 '화두'도 하나씩 주셨습니다. 언제 청와대 구경도 시켜드리고, 이제는 제가 막걸리도 드리고 용돈도 한번 드려야지 했는데 그럴 수가 없게 됐습니다.

얼마 전에 스님께서 옛날 일을 잊지 않고 『아득한 성자』 시집을 인편에 보내오셨기에 아직 시간이 있을 줄로 알았는데, 스님의 입적 소식에 '아뿔싸!' 탄식이 절로 나왔습니다. 스님은 제가 만나 뵐 때마다 늘 막걸리 잔과 함께였는데, 그것도 그럴듯한 사발이 아니라 언제나 일회용 종이컵이었습니다. 살아 계실 때도 생사일여, 생사를 초월하셨던 분이셨으니 '허허' 하시며 훌훌 떠나셨을 스님께 막걸리 한잔 올립니다."

이른바 '김영란법'의 적용을 받는 현직 대통령이 자진해서 스님으로부터 용돈을 받은 사실을 고백했으니, 백수인 나는 한결 편안한 마음으로 '양심선언'을 하지 않을 수 없다.

그렇다. 나는 오현 스님의 '장학생'이었다. 스님에게 내 지인이나 후배의 학비와 생활비를 보태주십사고 여러 번 부탁했다. 백수가 된 뒤에는 용돈도 얻어 썼다. 지금도 휴대폰 문자함에는 이런 메시지가 남아 있다.

“해제 날 귀한 걸음 하셨는데 노골이 정신이 없어 인사 못 해 미안하게 생각합니다. 오늘 혼자 적적히 앉아 전화기를 꼼꼼히 검색해보니 오 국장께서 특별히 챙겨줘야 할 학생의 계좌를 찍어주시면 보내주도록 하겠습니다. 진작 문자를 보았으면 조치했을 텐데 그때는 사실상 오 국장님 아시는 바로 술에 찌들어 세상 싫어서 전화기를 어떤 놈에게 맡겼다가 오늘 첨 봅니다. 오 국장님이 처음 부탁하신 말씀인 만큼 들어드리고자 합니다. 설악 무산 합장.”

“해제 날에 유발(有髮)이 겁도 없이 끼어들어 좌중을 어지럽혀 죄송합니다.”

“국장님 감사합니다. 방금 전화로 입금했습니다. 정년퇴임 비관하지 마시고 운동하고 공부하십시오. 누구에게도 말하지 마세요. 설악 무산 합장.”

“과분합니다. 감사합니다. 저 건강합니다. 서울서 뵙겠습니다.”

“오 국장님. 바쁜 일 없으시면 주말에 백담사 또는 만해마을에 와서 쉬다 가세요.”

내가 먼저 안부 메시지를 드린 적도 종종 있었다. 결제 때는 연락이 닿지 않았다.

"메르스와 더위 때문에 스님 건강이 염려돼 안부합니다. 문득문득 생각이 납니다. 저는 덕분에 잘 지내고 있습니다."

"선생님 안녕하세요. 저는 설악 무산 노스님 시자입니다. 스님께서 백담선원 무문관에서 금족요양 중입니다. 선원에서는 그 누구도 전화를 사용할 수 없어 대중전화기 관리자인 저가 말씀 전해 올립니다. 8월 27일 하안거 해제일 이후에 노스님과 연락이 가능합니다. 이 점 이해해주시옵길 앙망합니다. 무문관 노스님 시자 일산 합장."

"다시 안거 들어가셨나요? 언제 입제하셨고 해제는 언제?"

"지난 6월 1일 신흥사에서 결제법어 하시고 그날 무문관에 입방하셨습니다. 8월 27일 오전 10시에 백담사 검인당에서 해제 법요식이 있습니다. 음력 칠월 보름 하루 앞당겨 합니다. 무문관 시자 합장."

"감사합니다. 안부 전해주세요."

"시자 스님. 훌쩍 백담사에 왔다가 노스님께 인사 여쭙지 못하고 먼발치에서 안부 전하고 간다고 말씀 전해주세요."

"선생님. 오늘 아침 공양 올릴 때 선생님 안부 말씀 메모해 전했습니다. 결제 중에는 우편물 메모문자 등 일체의 외부 소식 전할 수 없습니다. 외부 소식 접하면 산란심이 일어난다고 합니다만. 감사합니다. 무문관 시자 드림."

2018년 5월 스님이 홀연히 입적하셨을 때 나는 다비식에 가지 못했다. 8년 전 법정 스님께서 입적하셨을 때 송광사에서 열린 다비식에 갔다가 슬픔과 상실감을 견디지 못해 2년간 스스로를 '마음 감옥'에 가둔 채 두문불출한 일이 떠올랐기 때문이다.

그렇게 1년이 흘렀다. 그러던 어느 날 스님의 사제인 홍사성 선배가 전화를 주셨다.

"기운 차려서 스님 뵈러 갑시다. 1주기가 낼모레야…."

나는 정신이 번쩍 들었다.

"그래 가자. 가서 뵙고 야단맞고 맘 편히 돌아오자…."

2019년 5월 어느 날 '무산 대종사 열반 1주기 추모 세미

나'가 열리는 백담사 만해마을 '문인의 집' 강당에 들어섰다. 정면에 있는 대형 영정 사진 속에서 스님이 천진난만하게 웃고 계셨다. 합장을 하고 스님과 눈을 마주치자 사진 속 스님이 하시는 말씀을 나는 분명히 들었다.

"왔나? 괜찮나?" 그게 다였다. 나는 마치 어제 스님을 만나 헤어졌다 하루 만에 다시 만난 것처럼 마음이 편해졌다.

그다음 날 설악산 신흥사에서 열린 '설악 무산 대종사 1주기 추모 다례'도 성황리에 끝났다. 승속(僧俗)의 참석자들 사이에 "이제 아마 어떤 스님이 돌아가셔도 이같이 자발적인 추모 열기는 일어나지 않을 것"이라는 말이 돌았다. 나도 맞는 말이라는 생각이 들었다. 그리고 이 추모의 정(情)이 상당히 오래갈 것이라는 생각이 들었다.

절집과 문단, 정계와 재계, 학계와 언론계에 뿌리 깊이 침투해 있는 스님 추종자들이 거의 '사단급'에 이르는 데다, 그들이 한결같이 "설악 무산 스님은 나를 제일 좋아하고 아끼셨다"고 생각하기 때문이다. 역시 스님은 대단한 법력(法力)의 소유자셨다. 일평생 남을 위해 '잘 살다' 가신 스님의 명복을 빈다. 나무아미타불.

조계종 15대 종정 성파 스님

"나는 예술로 참선했다.", "나는 평생 배우러 다닌 학인(學人)이었다. 종정이 돼서도 마찬가지다. 시작도 끝도 학인일 거다.", "속인이었다면 큰 예술가나 인간문화재를 능가하는 장인(匠人)이 되셨을 분이다.", "성철 종정 스님은 대중이 다가가기 어려운 어른이었는데 성파 스님은 대중의 사랑을 받은 자비롭고 따뜻한 종정이 되실 분이다.", "성철 스님이 '카리스마 종정'이었다면 성파 스님은 '예술가 종정'이 되실 것이다."

경남 양산 영축산(靈鷲山) 통도사(通度寺) 방장(方丈) 성파(性坡) 스님이 한국 불교의 종가(宗家)인 조계종의 제15대 종정(宗正)으로 취임했다. 한국 불교의 최고 정신적 지도자인 조계종 종정은 임기가 5년이고 한 차례 연임할 수 있다.

1700여 년간 면면히 이어져 내려오면서 한국인의 삶과 사상에 가장 큰 영향을 끼친 한국 불교가 성파 스님을 새 종정으로 모신 것은 아마도 한국 불교 역사상 가장 '파격적인 선택'으로 기록될 일이다. 성파 스님은 출가 후 통도사 주지를 마치고 경내 영축산 자락 서운암(瑞雲庵)에 주석한 이래 그림과 글씨, 도예와 민화, 옻칠과 염색 등에 천착(穿鑿)해 왔다. 불교계 일각에서는 그래서 "종정 스님으로 추대되기에는 참선과 수행이 다소 부족한 것이 아니냐"는 의견도 일부 있었던 것이 사실이다.

성파 스님이 조계종 종정으로 추대되셨다는 소식을 접하고 서둘러 경남 양산 통도사로 내려갔다. 스님과는 1991년 동아일보 종교 담당 기자 시절 그분이 통도사 경내 17개 암자 중 하나인 서운암 주지로 지내면서 16만 도자대장경 불사를 할 때 선배들과 함께 내려가 취재를 한 이래 30년 교분이 있다. 예의 그 천진불(天眞佛) 또는 동자승(童子僧)같이 맑고 환한 얼굴로 맞아주신다.

우선 감축드립니다. 불문(佛門)에 들어오신 이래 종단의 최고 자리인 종정의 자리에 오르겠다는 생각이나 욕심을 가져본 적이 있으신가요.

— 아이고…. 내가 무슨…. 중노릇이나 올바르게 하면 됐지, 주지니 방장이니 종정 같은 자리는 생각도 못 했습니다. 부끄럽지만 불교를 뜯어 고치겠다거나 다시 일으켜 세우겠다는 거창한 포부 같은 것도 없었습니다. 그런데 '시절 인연'

이 있어 종단의 원로들과 제방 승려, 신도들이 제가 감히 꿈도 꿔본 적이 없는 높은 자리에 앉히는 것을 보면서 이제껏 그래왔듯이 종정의 직책도 '잘 살아야겠다'는 다짐을 하게 됩니다.

성파 스님은 그동안 참선과 수행, 경전과 학문 중에서 참선을 최우선으로 치는 조계종의 오랜 중심 세력인 '선승(禪僧)' 계보를 대표하는 분은 아니다. 하지만 1998년 봉암사 태고선원 안거(安居) 이래 26안거를 성만(盛滿)한 만만치 않은 수행 이력을 갖고 있다.

독학으로 중국어와 일본어를 깨우쳐 그쪽 고승이나 예술인들과 수준 높은 대화가 가능하며, 한시를 짓고 초서를 막힘없이 읽어 내려가는 수준의 한학 실력을 갖고 있다. 하지만 정작 자신은 이런 실력을 전혀 드러내지 않는다. 내세우지는 않지만 드론과 모터보트 조종 면허를 갖고 있고 승마도 수준급이다. 그리고 해병대 출신이다.

왜 출가를 하시게 됐습니까.

__경남 합천 해인사 인근에서 중농의 4남매 중 둘째 아들로 태어났습니다. 초등학교를 마치고 중학에 진학하지 않고 합천 서당에 진학해 유교 경전을 배웠는데 도중에 발심(發

心)이 일었습니다. 유서(儒書)를 깊이 읽으면 불교에 입문하게 되는 경우가 있습니다. 그래서 유학자들이 공부가 깊어지면 불문(佛門)에 들어오는 사례가 많습니다.

강원도 선방을 떠돌아다니다가 통도사에서 월하(月下) 스님을 뵙고 1960년 가을 사미계를 받았고, 10년 뒤인 1970년 4월 비구계를 받았습니다.

스님의 속명은 조봉주(曺鳳周). 성파(性坡)는 법명이고, 법호는 중봉(中峰)이다. 1939년 7월 1일 생이시다. 절집 시간표에 따라 제방 승려들과 똑같이 새벽 3시 반에 자리에서 일어나 참선과 예불로 하루 일과를 시작해 5시 반 아침 공양 후 잠시 휴식을 취한 뒤 8시경 서운암 인근 작업실이 있는 산중으로 향한다.

사중(寺中)에 자신이 참석해야 하는 행사가 없으면 허름한 창고 같은 이곳에서 저녁 무렵까지 글씨 쓰고, 그림 그리고, 도자기 굽고, 옻칠하고, 염색하고, 다음 작품을 구상하며 하루 종일을 보낸다.

은사이신 월하 스님의 가르침은 어떤 것이었으며, 출가 이후 줄곧 지켜온 수행 원칙은 무엇입니까.

__은사 스님은 인자하시고 과묵했지만 수행에 있어서만

큼은 단호하셨습니다. 은사 스님의 가르침은 한마디로, '중노릇 하나만 옳게 하면 된다'는 것이었습니다. 그래서 저도 '참선과 수행도 중요하지만 승속(僧俗)과 더불어 중노릇 제대로 하면 된다'는 마음가짐으로 하루하루 최선을 다해 살았습니다.

'일상(日常)에 도(道)가 있고, 천지사방이 학교'라는 것이 제 깨달음이고, '민중이 스승'이라는 것이 제 신심(信心)입니다. 1962년 대한불교조계종이 통합 종단으로 출범한 이래 출가로 인연을 맺은 스승과 제자가 종정이 된 것은 처음이라고 알고 있습니다. 큰 영광이 아닐 수 없습니다.

성파 스님의 예술적 탐색은 곧 그의 구도 행각이나 다름없었다. 그는 전통 옹기 5000여 개를 찾아내 국산 콩으로 메주와 간장을 담가 자급자족으로 절과 선원 살림을 해결했고, 자신이 추구하는 불사(佛事) 비용으로 충당했다. '일일부작 일일불식(一日不作 一日不食)', 즉 '하루 일하지 않으면 그날은 먹지 않는다'는 불가(佛家)의 가르침을 일찌감치 실천한 것이다.

통도사는 불교계 안팎에서 자타가 인정하는 '불지종가 국지대찰(佛之宗家 國之大刹)'이며, 대부분의 전각이 최소 100년 이상 된 유서 깊은 목조건물이다. 2024년으로 개산(開山)

1379년을 맞았으며, 등록 신도 10만 명에 국내외에서 연간 300만 명의 순례자들이 찾아온다.

산중에 홍라희·이재용 모자도 감탄을 금치 못한 명품 암자인 자장암 등 17개 암자를 거느리고 있으며, 상주하는 스님만 200여 명이 넘는 거찰(巨刹)이다. 외국의 문화예술인이나 국내 주재 외국대사들도 통도사에서 한국 전통 사찰의 빼어난 풍광과 심오한 위치 선정 및 공간 배치, 친환경적 건축에 감탄을 금치 못한다.

조계종 총무원에서 요직인 사회 교무부장과 통도사 주지임기까지 마쳤을 당시 성파 스님은 40대 중진이었다. 새로운 소임을 감당하기에는 나이가 제법 있고, 뒷방으로 물러나 있기에는 이른 연배였다. 새 길을 모색하게 된 동기다. 스님은 한 신문과의 인터뷰에서 이 시기를 '출출가(出出家)'라고 표현했다. 첫 출가 당시의 마음을 잊지 않고, 이제껏 가지 않은 새 길을 '무소의 뿔처럼 혼자서 가는' 또 다른 출가였다는 의미다.

산중 암자인 서운암에 주석(駐錫)한 스님은 전통 옹기 수집과 된장, 간장 담그기부터 시작해 옻칠, 도자기, 한지 제작 등으로 관심 영역을 넓혀나갔다. 우리 고유의 문학인 시조가 잊혀가는 현실이 안타까워 1984년 '성파 시조문학상'을 제정·시행해 봄에는 전국 시조 백일장을 열고, 가을에는 기성 시조 시인에게 상을 주어 격려했다. 그 자신 뛰어난 선시와 시조 시인이기도 하다.

스님이 남다른 방식으로 절을 꾸려가면서 우리의 전통 음식과 문화예술에 공력을 쏟을 때 불교계 안팎에서 "염불과 참선은 안 하고 절집에서 된장과 간장을 팔아 쓸데없는 취미생활이나 한다"고 이러쿵저러쿵 하는 소리가 나오기도 한 걸로 압니다만.

__알고는 있었지만 전혀 개의치 않았고, 명인(名人)과 고수(高手)가 계시는 곳은 불원천리 찾아가 배움을 청했습니다. 내 발길 닿은 곳이 바로 수행처이고 학교였습니다. 가방끈이 짧으니까 젊었을 때부터 '우주 무한 대학생'이라고 자처하며 국내건 외국이건 가리지 않고 스승을 찾아다녔지요. 나는 시작도 학인(學人)이고, 마치는 것도 학인인 '평생 학인(平生 學人)'이 될 겁니다. 선방(禪房)이 아니라 '중생의 일상'이 나의 깨우치는 자리였습니다.

그렇다면 스님의 깨우침은 과연 무엇입니까.

__그건 말로 하는 게 아니고, 남에게 알릴 일도 아닙니다. 그리고 도를 깨우쳤다거나 한 '소식' 했노라고 하는 어른들도 계시는데 본인 혼자만 알고 깨우치고 즐기면 무슨 소용이 있겠습니까. 반드시 중생들과 나눠야 합니다.

이례적으로 단호하게 말씀하시는 스님을 보면서 몇 해 전 강원도 유명 사찰의 중진 스님으로부터 "한국 불교는 깨우쳤다는 노장 스님들의 '갑질'에서 벗어나야 한다"는 말씀을 듣고 무릎을 쳤던 기억이 떠올랐다.

성파 스님의 법어는 잔잔하고 평범하지만 깊이가 있다. 어렵고 난해한 법문을 하자고 들면 얼마든지 하실 수 있지만 대중들의 눈높이에 맞춰 누구나 알아듣고 기억할 수 있도록 평범한 구어체(口語體)로 법문을 하신다. "악!", "할!", "알겠느냐?", "이 뭣꼬?"와 같은 말로 수행자와 대중들을 질타하시지 않는다.

통도사 방장으로서 신축년 동안거 결제 때 내린 법어 「일 마친 대장부의 길」을 보자.

'목숨을 아끼지 말고 조사의 공안(公案)을 참구하되 내일을 기다리지 말아야 한다. 수행자에게는 오늘이 있을 뿐 내일은 없다. 내일을 기다리는 자는 설사 미륵이 열반하더라도 벗어나지 못하리라. 그러므로 사람 몸 받았을 때 일대사를 마쳐야 한다. 출가자로 금생에 이 일을 마치지 못하면 시은(施恩)을 갚지 못한 죄로 지옥에 떨어질 것이니 힘쓰고 또 힘쓸지어다.'

통도사에서 내는 「월간 통도」지에 보낸 법문은 더욱 알기 쉽다. 하지만 오묘하다.

'산에 올라가보지 않고 다리 힘을 모르듯이 물의 수심을 재지 않고는 깊이를 알 수 없습니다. 수행정진을 직접 경험하는 것과 하지 않는 것은 천지 차이입니다.

중생이 따로 없고 성불이 따로 없습니다. 중생이 성불하면 부처입니다. 인고의 수행 과정을 겪고 훌륭한 결과를 이룬다면 그가 바로 부처입니다. 주인 입장에서 보면 객(客) 같은 객이 없고, 객의 입장에서 보면 주인 같은 주인이 없습니다. 우리 사회는 남을 비판하는 데는 능숙하지만 남을 칭찬하는 데는 인색합니다. 오늘날 우리에게 무엇이 절실한가, 남을 혹독하게 비판하거나 낮추는 것을 지양하고, 남을 칭찬하고 격려할 줄 아는 그러한 사회가 조성되어야 할 것입니다.'

정치, 사회에 관한 발언은 소리 소문 내지 않고 조용히 하시는 편이다.

얼마 전에 홍라희·이재용 모자가 통도사를 방문해 종정스님을 만나고 돌아갔다. 통도사와 삼성의 고위 관계자들에 따르면 퇴임 후 통도사 인근 신축 사저로 이사할 예정인 김정숙 여사가 대통령의 해외 단독 순방을 틈타 공사 현장을 둘러본 뒤 통도사에 들러 종정 스님을 만났다.

이 자리에서 종정 스님은 김정숙 여사에게 "이제 그만 됐으니, 아무런 조건 없이 이재용 회장을 석방해 나라 경제와 민심 수습을 하시는 게 좋겠습니다. 대통령께서 귀국하시면 꼭 이 말을 전해주십시오"라고 당부했다고 한다. 김정숙 여사는 이 자리에서 "대통령이 돌아오시는 대로 '큰스님'의 말씀을 꼭 전달해 올리겠다"고 화답한 것으로 전해진다.

마지막으로, 어떤 각오로 종정의 자리를 감당해내시겠습니까.

__이제껏 살아온 그대로일 겁니다. 중노릇 올바로 하기 위해 전력을 다해온 것처럼 종정 노릇 올바로 하기 위해 열과 성을 다하겠습니다. 절집의 제방 스님들과 불자들이 계셔서 결코 외롭지 않은 길을 가게 될 것이라고 믿습니다. 그분들과 '더불어 같이' 가고 싶습니다.

* 종정 스님의 예술적 성취를 알기 위해서는 통도사와 서운암을 꼭 들러봐야 한다.

역대 대통령과 불교계의 인연

이명박 정부와 종교계의 갈등이 수렁에 빠졌다. 기독교계와는 '불편'하고, 천주교계와는 '불통'이며, 가뜩이나 불만이 있었던 불교계와는 '불화' 중이다. 그야말로 '3불(三不)'이다. 해당 종교의 언어를 빌리면 천주교와는 '냉담', 기독교와는 '수난', 불교와는 '악연'인 것이다.

불교계는 국회 본회의 예산 처리 과정에서 템플스테이 사업 관련 예산 등을 제대로 반영하지 않은 것에 분노했다. 하지만 정권 핵심에서는 '불교계에 할 만큼은 했다'는 인식이 많다. 최근 30년간 불교계와 역대 대통령 간의 관계를 돌아보면 갈등을 풀 실마리를 찾을 수 있을 듯하다.

전두환, 노태우 대통령 등 군 출신 대통령과는 4, 5차례씩, 다른 대통령들과는 20차례 이상씩 만났던 전 조계종 총무원장 월주 스님과 조계종 종회의원으로 불교계와 역대 정권의 대화를 조율해온 정휴 스님의 증언 등을 토대로 불교계와 역대 대통령의 인연 및 악연을 소개한다.

월주 스님은 “대통령은 공적(公的)으로 자신의 종교를 내세워서는 안 된다. 정부와 불교계의 대화가 필요하다”고 강조했다. 정휴 스님은 “대통령은 특정 종교의 대표자가 아니라 나라 전체의 지도자임을 잊어서는 안 된다”고 당부했다.

전두환(1980~1988 재임) 불교계와 악연과 인연을 동시에 갖고 있다. 1980년 ‘10·27 법난’ 때 150여 명의 승려를 연행·구속하고 300여 명을 소환 조사했다. 하지만 권좌에서 물러난 후에는 설악산 백담사에 은거해 사실상 ‘귀양살이’를 하며 신세를 졌다. 백담사에서 769일을 지내면서 주지 도후 스님 등 불교계 인사들과 친분을 쌓았다.

어느 날 밤, 당시 월정사 주지 도명 스님은 산골짜기 작은 절로 ‘귀양 온’ 전직 대통령이 안쓰러워 술 한 병과 안주를 들고 백담사를 찾아갔다. 얼마 뒤 다시 찾아가자 그는 고개를 절레절레 흔들었다. 이때 했다는 말이 걸작이다. “절에서는 술을 마시지 말아야 할 것 같다. 지난번 술 마시고 며칠간 심하게 설사를 했다. 부처님께 벌을 받은 모양이다.”

문민정부 출범 후 구속됐다 풀려나 국회 5공 청문회에도 서야 했던 전두환 전 대통령은 이후 100일간 조계사에서 일요일마다 참회 기도를 했다. 당시 조계종 총무원장이던 월주 스님은 '10·27 법난'으로 23일간 조사를 받은 뒤 구속되고 총무원장직까지 물러나야 했던 이 사건의 최대 피해자였다. 기도하러 왔다가 월주 스님을 방문한 전 전 대통령은 "내가 대통령이었기 때문에 결과적으로 내 책임이다. 죄송하게 됐다"고 사과했다.

월주 스님은 "알아본 결과 나와 종권 경쟁을 벌이다 밀려난 사람들이 국보위 사회분과위원회에 투서를 했다더라"면서 "당시 조계종 총무원장 명의로 '구국 영웅 전두환 장군 대통령 추대' 지지 성명을 해달라고 했으나 세 번이나 일축했고, '대한불교조계종' 명의도 거절했던 것이 빌미가 됐다는 얘기를 들었다"고 말했다.

월주 스님은 "노무현 정부 시절 법난 피해자들의 명예 회복을 위한 특별법이 제정되고 국방부 조사가 이뤄졌지만 아직도 최초 입안자와 집행자가 공식적으로 밝혀지지 않고 있다"고 말했다.

노태우(1988~1993 재임) 독실한 불교 신자로 절집에서 "오랜만에 불자 대통령이 나왔다"며 반가워했다. 모친이 대구 파계사 신도회장을 지냈고, 그 역시 학창 시절 고승들의 가르침을 받았다고 한다. 출퇴근 때도 차 안에서 금강경 독송 테이프를 듣곤 했다. 대선 후보 시절, 총무원장 의현 스님과 함께 사저로 찾아간 조계종의 한 간부가 "불교 신자임을 분명히 밝혀달라"고 요청하자 "모든 국민을 상대로 하는데 그러면 어떻게 표를 얻느냐. 천수심경을 누가 더 잘 외우는지 나와 겨뤄보겠느냐"며 불쾌감을 표시했다고 한다.

대통령 재직 중 직지사 주지와 동국대 이사장을 맡고 있던 녹원 스님과 돈독한 관계를 맺었으며, 이 인연으로 부인 김옥숙 여사의 법명을 딴 '만덕전(萬德殿)'이 직지사에 세워지기도 했다. 대구 동화사 약사여래불을 조성하는 데도 도움을 주었다.

김영삼(1993~1998 재임) '장로 대통령'임에도 불교계와 원만한 관계를 유지했다. 불교 세가 막강한 부산 지역에 지역구를 두고 있었기 때문이다. 대학 때 법정 스님 등과 인연을 맺은 박세일 대통령 수석비서관, '불교통'인 서석재 전 의원 등 불교계와 인연이 오랜 실세 참모도 많았다. 1987년 제13대 대통령 선거 운동 당시 민주당 후보였던 그가 부산 수영만에 80만 청중을 모은 것도 이 지역 사암(寺庵)연합회의 힘이었다.

대통령 당선 직후 부인 손명순 여사가 조계종 총무원장실을 찾아가 카펫 위에서 넙죽 큰절을 했다는 일화가 전해진다. 비슷한 시기에 롯데호텔에서 열린 축하법회에 내외가 참석했을 때도 YS의 뒤를 따르던 손 여사가 단하에서 무릎을 꿇고 절을 해 스님들을 흡족하게 했다.

재임 중에는 부산, 광주, 대구, 청주에 잇따라 불교방송국 개국을 허가했고 그때마다 월주 총무원장 스님에게 직접 전화로 알렸다. 특히 불교계는 YS가 사찰의 종합토지세를 면제해준 것을 높이 평가한다. 여당인 신한국당에서 난색을 표시했으나 박세일 수석이 이상득 정책위의장을 압박했다고 한다. '각종 학교'였던 승가대를 4년제 '정규 대학'으로 승격시켰다.

YS의 '문민정부'는 한때 불교계로부터 "청와대 안에 있는 불상을 없앴으며, 독립기념관 연못과 창덕궁 애련지의 연꽃을 뽑아버렸다"는 공격을 받기도 했다. 하지만 조계종 스님 100여 명을 청와대로 초청해 이상이 없음을 확인시켰고, 준설을 마친 연못에 다시 연꽃을 심었다. 월주 스님은 "친화력이 탁월했으며 불교에 대한 '정치적 이해'가 뛰어났던 분"이라고 평가했다.

김대중(1998~2003 재임) 할머니의 영향으로 본인은 오랜 가톨릭 신자이고, 부인은 독실한 개신교 신자다. 잘 알려져 있지 않지만 첫 아내의 부친, 즉 장인이 대흥사 대처승이었다고 한다. 초등학교 다닐 때 일본 절에 다니며 반야심경을 달

달 외우는 등 어려서부터 불교에 대한 이해가 있었다.

대통령 재임 시 전북 전주 출신으로 당시 총무원장이던 정대 스님(1937~2003)과 돈독한 관계를 유지했다. '국민의 정부'에서 문화관광부 장관과 대통령 비서실장을 지낸 박지원 씨와 이강래 정무수석비서관이 불교계와의 창구를 맡아 현안을 조율했다.

광복 이후 정치·사회사를 꿰뚫고 있는 총무원장 정대 스님을 높이 평가한 DJ는 190억 원의 예산을 지원해 조계사에 한국 불교 역사문화기념관을 지을 수 있게 했다. 특히 기념관 건립과 관련해 DJ가 부전지를 붙여 반드시 예산에 반영하라고 지시했는데도 실무진에서 난색을 표시하자 박지원 비서실장의 코치를 받은 정대 스님이 직접 실무 과장 등을 찾아가 예산 항목을 신설했다고 한다.

이때 대표적인 백제 불교 유물인 익산 미륵사 복원 문제가 거론됐으나 성사되지는 않았다. 월주 스님은 "독실한 천주교인이었지만 불교에 대한 '철학적 이해'가 뛰어난 분이었다. 불교계에도 전혀 불이익을 주지 않았다"고 평가했다.

노무현(2003~2008 재임) 영세를 받은 천주교 신자였으나 '냉담자'였으며, 절에서 1년 반 동안 고시 공부를 하며 불교 경전을 탐독했다. 부인은 남편이 대통령 선거 후보 시절인

2002년 10월 경남 합천 해인사를 방문해 조계종 종정 법전 스님에게 '대덕화(大德華)'라는 법명을 받았다. 고 육영수 여사와 같은 법명이다.

재직 당시 환경운동가와 스님들의 농성으로 서울외곽순환고속도로의 사패산 터널 공사가 2년 넘게 중단됐다. 대통령 내외는 2003년 12월 합천 해인사로 법전 종정 스님을 찾아갔다. 대통령과 종정은 서로 합장으로 예우했다. 대통령은 "나라 법도 법이라고 체면을 갖추라고 해서 큰절을 못 드려 마음이 무겁다"고 했다. 부인은 종정 스님에게 큰절을 올렸다. 대통령은 오찬 중 "사패산 터널 문제에 대한 공약을 못 지키게 됐다"고 양해를 구했고, 불교계는 받아들였다.

재임 중 393억 원의 템플스테이 예산을 지원했다. 재임시 세 번 해인사를 방문했고, 대(大)비로전 건립에 국고 30억여 원을 지원했다. 투신 자살 후 이례적으로 해인사 승려 300여 명이 하안거를 깨고 나와 조문했다.

퇴임 전후 당시 조계종 총무원장이던 지관 스님을 초청해 '생사(生死) 없는 도리'에 대한 법문을 듣는 등 불교계와 인연을 이어갔다. 지관 스님은 봉하마을에 세워진 묘비문을 썼다. 정휴 스님은 "절집에서는 정서적으로 불교계와 가까우면서 서민 친화적이었던 그에게 적잖은 애정을 갖고 있다"고 했다.

이명박(2008~2013 재임) 기독교 모태신앙이다. 서울시장 재임 당시 "서울을 하나님께 봉헌하겠다"는 발언으로 큰 곤욕을 치렀다. 당시 한국기독교교회협의회(NCCK) 백도웅 총무 등이 '형님처럼 모시던' 법장 조계종 총무원장을 찾아가 진의를 해명해 가까스로 불심을 달랬다. 이런 인연으로 조계사 경내 역사기념관 주위 조경을 성의 있게 해주기도 했다.

대통령 선거 당시 백담사 회주인 설악 무산 오현 스님 등에게 이런저런 '신세'를 진 것으로 알려졌다. 당선 직후 주요 사찰 주지 스님들에게 일일이 전화를 걸어 "감사하다. 잘 부탁한다"며 챙겼다고 한다.

하지만 대통령 취임 후 자신이 다니던 소망교회 인사 등 기독교인을 대거 등용해 편향 시비가 불거졌다. 특히 촛불시위 당시 경찰이 조계사 주변에서 총무원장 지관 스님이 탄 승용차의 트렁크를 열고 검문해 불교 홀대라는 논란을 빚었다.

대통령과 직접 관계는 없지만 정부가 관리하는 수도권 대중교통 정보 시스템 '알고가'에서 수도권 사찰 표기만 누락되고, '전국 경찰 복음화 금식 대성회' 포스터에 어청수 당시 경찰청장이 조용기 목사와 나란히 찍은 사진이 게재된 사실 등도 불교계를 자극했다. 여기에다 국가조찬기도회에 참석해 무릎을 꿇고 기도하는 모습이 노출돼 불교계 정서에 기름을 부은 격이 됐다.

불교계 안팎에서는 “아마도 역대 정권 중 불교계와 가장 불화(不和)한 대통령으로 기록될 것 같다”는 말도 나오고 있다. 한나라당 안상수 대표와 주호영 전 특임장관 등이 불교계의 요구를 대변하고 있으나 역부족이라는 것이 중론이다.

정휴 스님은 “불교계는 기본적으로 MB가 기독교는 따뜻하게, 불교는 썰렁하게 대한다는 인식을 갖고 있다”고 말했다. 월주 스님은 “이 대통령은 경제 살리기와 국격 상승 등의 업적이 있으나 화합의 ‘세기(細技)’가 좀 부족하신 것 같다. 아소카 왕이 인도를 최초로 통일한 후 불교를 권장하면서도 다른 전통 종교도 두루 포용한 사실을 참고하시면 좋겠다”고 했다.

설 연휴 첫날, 대통령이 이례적으로 국립중앙박물관에서 열린 ‘실크로드와 둔황전’을 찾아가 ‘왕오천축국전’을 친견한 것은 불교계에 대한 관심과 화해 메시지로 봐야 한다는 얘기도 있다.

청와대 불교신도 모임인 ‘청불회’가 경호처 강당에서 춘계 법회를 연 것이 불교계와 청와대 사이 관계 개선의 물꼬를 틀 것으로 기대하는 시선도 있다. 법회가 열린 날 조계종에서는 포교원장인 혜총 스님 등 4명이 참석해 법회를 주관했다. 조계종 스님이 청와대에서 법회를 한 것은 2009년 현각 스님이 마지막이었다.

불교계는 한나라당 대선 후보 경선 때부터 MB보다는 박근혜 전 대표한테 더 호감을 갖고 있는 느낌이다. 월주 스님은 “박정희 대통령이 호국불교 수호 차원에서 불국사를 복원하고 팔만대장경 국역 사업을 지시하는 등 불교계를 배려한 점을 잊지 않고 있는 것 같다”고 설명했다. 정휴 스님은 “박 전 대표의 모친인 육영수 여사가 생시에 청담 스님을 잘 모시고, 도선사에도 많은 불사를 한 영향이 있는 것 같다”고 했다. (2011. 3. 31.)

* 대통령은 자신의 종교를 티 내거나 편애해서는 안 된다.

2

묻고, 듣고, 남기다

아침 이슬,
김민기

"1970, 80년대 대학을 다녔던 이들에게 '김민기 형'의 〈아침 이슬〉은 '우리 시대의 애국가'나 다름없었다."

1970년대 초에 대학을 다녔던 시인 황지우는 언젠가 이렇게 말한 적이 있다. 6·25전쟁으로 막이 오른 1950년대에 태어나 1970년대 '유신 시절'에 대학을 다니고 '국민의 정부' 시기에 40대 중·후반을 보내고 있는 이 땅의 이른바 '475 세대'는 '김민기 형'에게 많은 빚을 지고 있다.

임헌정이 지휘하는 부천필하모닉은 서울 예술의전당에서 〈아침 이슬〉, 〈친구〉, 〈작은 연못〉, 〈상록수〉, 〈가을 편지〉 등 30년간 모진 시련 속에서 '살아남은' 김민기의 노래 30여 곡을 연주한다. 바리톤 최현수가 〈가을 편지〉와 〈상록수〉를 부르고 〈아침 이슬〉을 합창하며 막을 내리게 된다.

미국이나 유럽 국가들에서 대중음악가의 작품만으로 콘서트를 갖는 것은 드문 경우가 아니다. 1970년대 초 런던 심

포니 오케스트라가 시험적으로 비틀스 등의 작품을 관현악으로 편곡해 연주한 '오케스트럴 팝'은 당당한 교향악단 활동의 한 장르로 자리 잡고 있다. 그러나 부천필의 '클래식 김민기'처럼 서정적 발라드 계열의 작곡가를 주제로 공연하는 사례는 예외적인 경우에 속한다.

첫 앨범을 낸 지 30년 만에, 그리고 나이 50에 한국의 대표적인 오케스트라와 지휘자에 의해 자신의 음악을 헌정받게 된 김민기는 "고맙고 과분하다. 그러나 공연장에는 가지 않겠다"고 말한다. 무척 곤혹스러운 표정으로…….

그는 분명 가지 않을 것이다. 1999년 11월 서울 장충체육관에서 내로라하는 포크 계열 후배 가수 수십 명이 '김민기 헌정 콘서트'를 열었을 때도 그는 제주도로 '달아났다'. 당시 그는 "후배들이 나를 과대평가하는 것 같다"고 말했다.

하지만 지휘자 임헌정은 말한다. "평소 김민기 씨와는 교분이 없다. 그러나 그분이 진지하게 살아온 분이라는 것을 알고 있었기 때문에 선뜻 응했다. 그분을 무대에 세우거나 객석에서 인사를 시킬 계획도 없다. 하지만 〈아침 이슬〉은 참 명곡이다. 구성이나 멜로디, 화성이 정말 잘 짜여 있다"고.

석양이 질어가는 어느 날 저녁 무렵 김민기의 '직장' 인 서울 종로구 동숭동 대학로 '학전블루' 3층 그의 사무실로 찾아갔다. 곡기(穀氣)보다 주기(酒氣)를 더 좋아하는 그는 거나한 모습이었다. 하지만 정신은 또렷했다.

그가 자신을 '저항가수'로 자리매김하거나 〈아침 이슬〉에 관해 얘기를 꺼내는 것을 지극히 싫어한다는 것을 잘 알고 있는 터여서 최근 다녀온 〈지하철 1호선〉의 중국 공연 소감부터 물어봤다. 중국 언론은 이미 "〈지하철 1호선〉을 통해 비로소 '한류(韓流)'가 한국 문화예술의 전부가 아니라는 것을 알게 됐다"고 찬사를 보냈다.

공연 성과가 대단했다던데….

__상해에서 4회, 북경에서 5회 공연했는데 더러 빈자리가 있었지만 중국식 개념으로는 '완전 매진'이었어. 암표상이 등장할 정도였으니까. 내용이나 형식이 모두 잘 먹히지 않을 것이라고 생각했는데 관객 대부분이 중국의 지도층과 문화예술계 인사들이어서 그런지 '문화 충격'을 받은 것 같았어. 중국인들의 진정한 고민에 대해서도 알게 됐고…….

김민기란 사람을 알아보던가요.

__누가 그러대. '당신이 젊어서 한국에서 고달팠다는데 함께 고생했던 당신 친구들은 지금 어디에서 무엇을 하고 있

느냐'고. 그래서 '다 자기들 일하고 있다'고 했지 뭐.

이쯤에서 본론을 꺼내고 싶었지만 그는 계속해서 공연 얘기를 하고 싶은 눈치였다.

__어떤 혁명이든 항상 '딴따라'들이 맨 앞에서 들러리 서는 것 아니냐? 중국 문화예술인과 지식인들은 '사회주의 혁명이 완성된 지금 우리들의 작품과 문화에는 정작 인민(人民)이 없어졌다'고 자탄하고 있었어.

우리가 지금 '한류'가 중국에서 좀 뜬다고 생난리를 치는데 이런 식으로 가다간 곧 거품이 빠질 것이 분명해. '한류'라는 용어 자체가 중국에 대한 결례야. 이 말이 꼭 제목으로 나올 수 있도록 해줘. 중국이 변하는 것이지 '한류' 자체가 탁월해서는 아니거든.

서로 존중하는 것이 문화의 출발이고, 문화를 팔아먹기 위해서가 아니라 서로를 진정으로 이해하고 고민을 함께하는 것이 문화 교류의 목표이자 화두야. 우리 정말 겸손해야 한다. 중국은 절대 간단한 나라가 아니야.

30분쯤 지나 한구석에 놓여 있는 낡은 통기타를 슬그머니 집어 들며 말머리를 돌렸다.

기타 안 만진 지 오래됐죠. 그나저나 이번에는 또 어디로 도망갈 거예요.

__몇 년 전 누가 갖다놓고 가기에 그냥 둔 거지 내 생활은 아니야. 저게 내 생활처럼 비쳐지는 건 정말 싫어. 이번엔 일 속으로 도망칠 거야. 일본 순회공연도 준비해야지. 내가 무슨 '원로'야? 국내 최고 수준의 오케스트라 단원들이 1시간 이상 내 곡을 연주한다는데 50세밖에 안 된 내가 부끄러워서 어떻게 자리를 지키고 있겠어. 난 아직 '현재진행형'이야. 지난 것 가지고 폼 잡고 있을 시간이 내겐 없어.

그래도 좀 너무한 것 아니에요? 준비해준 사람들을 생각해서도 그렇고, 자기가 만든 '자식'들을 그렇게 섭섭하게 대하면 되겠어요.

__그렇지 않아. 너무 부끄러워. 1987년 이한열 군 장례식과 '6월 항쟁'에서 100만 명이 동시에 〈아침 이슬〉을 부르는 것을 보면서 소름이 끼치고 무서워 하늘을 제대로 쳐다볼 수도 없었어. 내가 만든 노래들은 이미 내 노래가 아니야.

'고지식한 인간'이자 '아름다운 꼴통'인 김민기는 1951년 전북 익산에서 태어났다. 유복자로 10남매의 막내였다. 의사였던 부친은 부르주아로 몰려 6·25 때 패퇴하던 인민군에게 학살됐다. 열한 살 때 서울로 이사 온 그는 재동국민학교와 경기중·고를 다니면서 그림에만 몰두했다. 하지만 고교 때 서울대 음대에서 피아노를 전공하던 셋째 누님이 선물해준 기타가 그의 일생을 바꿔버렸다.

그의 삶은 이후 '10년 주기(?)'로 큰 변화를 맞는다. 1971년에는 〈친구〉가 들어 있는 첫 앨범 《김민기》를 냈다. 모노 사운드, 2도 색상의 이 허름한 앨범은 그의 노래가 금지되면서 우리 문화사의 '전설'이 됐다. 그의 앨범은 카세트테이프로 수없이 복제돼 당시 대학생들 사이엔 최고의 '의미 있는 선물'로 교환됐다. 작사, 작곡, 노래를 한 그는 정작 500장 정도 발매된 이 앨범을 갖고 있지 않다.

1981년에는 전북 김제에 이어 경기 전곡에서 민통선을 드나들며 농사를 시작했고, 1991년에는 학전 소극장을 개관해 10년째 고군분투하며 꾸려나가고 있다. 1985년 8월 말 비가 억수로 내리던 날 이미영과 결혼해 종화, 소윤 두 아들과 함께 일산 호수마을에 살고 있다.

몇 년 전 스크랩에서 극단 운영하느라 진 빚이 5억 원가량 된다는 기사를 봤는데 아직 다 못 갚았지요? 그런 점에서 솔직히 말해 좋은 극단 운영자는 못 된다고 생각하시죠?

__아니 한 1억쯤 갚았어. 이제 4억쯤 남았지. 이번 일본 공연도 돈이 좀 될 거야. 하지만 IMF 때 한 달 빼놓고는 월급 밀린 적은 없어. 애들한테 돈 못 주면서 공연할 거라면 난

차라리 문을 닫겠어. 이래 봬도 나를 도와주는 분들이 꽤 있다고. 빚 얻는 데 한계가 올 때까진 내가 버티고, 그다음엔 누가 나서주겠지…….

그가 한참 재정적으로 힘들어할 때 한 친구가 그를 고위층의 아들에게 소개했다. 고위층의 아들은 김민기의 열렬한 팬이었고 기꺼이 후원자가 되고 싶어 했다. 어렵사리 자리를 같이한 그는 하지만 "아직 나 스스로 준비가 안 됐다"며 고사했다. 그가 어떤 몸가짐으로 살고 있는지를 보여주는 일화는 이 밖에도 한두 가지가 아니다.

앞으로 뭘 더 할 거죠?

__경극(京劇)과 가부키(歌舞伎)를 한국 사람들 입맛에 맞게 만들어보려고. 그다음에 우리 것을 그 문법에 맞춰 들여다보고 싶어. 그리고 십 년 뒤에는 분명 그림을 그리고 있을 거야.

김민기. 그는 우리에게 낮은 목소리가 큰 목소리보다 더 크고 힘이 있으며, '뒤'로 숨는 것이 '전면'에 나서는 것보다 더 의미가 있다는 것을 일깨워주었다. 그리고 '순수'와 '결벽'을 온몸으로 증명했다.

누구보다 치열하고 고통스럽게 1970~80년대를 지나 왔으면서도 그는 시대와 사회에 아무 대가도 요구하지 않았다. 오히려 한 점 부끄러울 것 없는 자신의 노래와 삶을 늘 '죄송스러워'했다.

성철 스님이 조계종 종정 시절이던 1980, 90년대에 종단과 권력자의 숱한 요구와 권유에도 굽히지 않고 해인사 백련암에 틀어박혀 불교의 자존심을 지켰던 것처럼, 김민기는 그냥 이 모습 그대로 늙어갈 것이다. 그리고 김민기가 작곡한 노래들을 수도 없이 따라 부른 '70년대 키즈'들은 예술의 전당에서 열리는 '주인 없는 음악회'를 찾아가 힘찬 박수를 보내줄 것이다.

이 노래, 그 사연

♪ **친구** 그가 고3 때인 1968년 작곡한 노래. 동해안으로 캠핑을 갔다가 친구 한 명이 죽었다. 그는 그 소식을 전하러 서울로 와야 했다. 밤 열차를 타고 유난히 터널이 많은 중앙선을 이용해 서울로 올라오면서 떠오르는 상념들을 정리한 노래다.

♪ **아침 이슬** 서울대 미대에 진학한 후인 1970년에 만들었

다. 양희은의 데뷔곡이다. 아침 동산의 풍경을 자신의 마음에 비춰 묘사한 곡이다. 1975년 공연윤리위원회에 의해 금지곡이 됐다가 1987년 6·29 선언 이후 해금됐다. 유홍준 교수의 『나의 북한 문화유산답사기』에 보면 북한 접대원도 〈아침 이슬〉을 불렀다고 한다. '서러움 모두 버리고'를 '두려움 모두 버리고'로 바꿔서.

♪ **가을 편지** 1970, 80년대 김민기 노래 중 거의 유일하게 금지되지 않은 곡이다. 샹송 가수 최양숙이 노래를 불렀다.

♪ **작은 연못** '지금은 더러운 물만 고이고…', '그놈 살이 썩어 들어가 물도 따라서 썩어 들어가' 등의 노랫말이 공해와 환경오염을 암시하고 있다는 이유로 금지곡이 됐다. 장조에서 단조로 바뀌는 멜로디 진행이 독특하다.

♪ **늙은 군인의 노래** 1974년 10월 입대 후 카투사로 AFKN에서 근무하다 1975년 시국 관련 예정 집회에서 그의 노래가 대거 레퍼토리로 채택된 것이 문제가 돼 최전방으로 재배치됐다. 전방에서 만기 제대하던 선임하사의 삶을 고스란히 담아냈다.

♪ **상록수** 1975년 5월 군 제대 후 부평의 봉제공장에서 노동자들과 함께 생활하던 1977년 만들었다. 동료 노동자들이 정식 결혼식을 올리지 못한 채 살고 있다는 사실을 알고 뒤늦게라도 합동결혼식을 올려주기로 하고, 부조금 삼아 이들의 결혼식 축가로 만든 노래다.

(2001. 10. 25.)

김민기의 마지막 말 "할 만큼 했다"

서울대 병원에 차려진 김민기 형의 빈소에 다녀왔습니다. 그게 민기 형에 대한 최소한의 예의라고 생각했습니다. 영정 속의 그는 환하게 웃고 있었습니다. 생시에 두 번 와이드로 인터뷰하고 열 번 정도 만났습니다. 그때마다 참 행복했습니다.

저는 김민기 형이 마지막으로 남겼다는 말이 특히 감동이었습니다.

"할 만큼 했다."

임종 직전에 이런 말을 남긴 사람이 과연 몇 명이나 있겠습니까.

나는 세상을 떠나게 될 때 과연 어떤 말을 남기게 될지도 곰곰 생각하게 됩니다. 김민기 형, 참으로 '아름다운 사람'이었습니다.

"조용필의 노래는 가요계를 바꿨지만 김민기의 노래는

세상을 바꿨다"는 말도 전폭적으로 지지합니다.

김민기 형이 어제 발인을 하고 영면에 들었습니다. 지난 사흘간 그가 남긴 노래들을 원도 없이 들었습니다. 이제 그를 놓아주어야 할 때입니다.

그의 노래는 각각 다른 사연이 있지만 잘 안 알려진 노래와 감동적인 사연은 〈봉우리〉입니다. 1984년 LA올림픽에서 메달을 따지 못한 선수들을 위한 다큐멘터리가 만들어졌고, 이 주제가를 민기 형이 작곡했습니다. 작사는 〈도래시계〉의 방송작가인 송지나. 특히 민기 형이 나지막한 음성으로 읊조리는 전반부가 감동을 줍니다. 이 노래를 '큰 봉우리'인 민기 형에게 바칩니다. (2024. 7. 29.)

* 김민기는 매사 겸손하고 자신을 낮추는 사람이었다. '뒷것 김민기'는 항상 앞보다 뒤에 서기를 좋아했던 그를 가장 함축적으로 담아낸 표현이다.

우리 시대의 소리꾼
장사익

'사실상 백수'가 400만 명을 넘어선 나라. 6·25전쟁 직후 태어난 전후 '베이비부머' 1세대의 본격 은퇴가 이미 시작된 사회. 직장 없고 벌어놓은 것 없이 더 가르치고 결혼시켜야 할 자식들만 혹처럼 달려 있는 이들은 어디에서 위안을 얻을 수 있을까. 눈앞에 다가온 설날은 또 어떻게 치러야 할까.

우리 시대의 소리꾼 장사익 씨를 느닷없이 서울 종로구 홍지동 집으로 찾아간 것은 그의 구수한 충청도 사투리와 환한 웃음을 대하면 어느 정도 위안을 얻을 수 있을 것 같아서였다. 더 솔직히 말하면, 그가 겪은 인생 전반기의 신산(辛酸)한 삶과, 들을 땐 슬프면서도 듣고 나면 가슴이 후련해지는 그의 노래에 얽힌 사연들을 듣고 싶어서였다.

그의 노래에는 '슬프면 더 슬프게 하고, 기쁘면 더 기쁘게 해서 사람들의 맺힌 한과 숨겨진 신명을 풀어주는' 살풀이 같은 힘이 있다. 그는 2층에서 양말도 신지 않고 달려 내려와 "아이고, 지가 뭐 그런 얘기에 보탬이 될 게 있겠시유. 차나 한잔하시고 놀다 가시면 되지유"라며 방문객을 맞는다.

나는 그의 구수한 충청도 사투리와 선한 얼굴을 정말 좋아한다. 그에게는 토종 한국인의 냄새가 물씬 풍기고, 10분 이상 대화를 나누다보면 소탈, 순박과 같은 단어가 절로 떠오른다.

사는 것이 즐거우십니까.

__그냥 맘 편히 사니께유. 인생 뭐 별거 있겠시유. 그냥 일하고 놀다 가는 거지유.

열댓 개 직장을 전전하다 나이 마흔다섯에 가수로 데뷔해 소리꾼으로 우뚝 선 장사익 씨. 평론가 임진모 씨는 "그의 노래는 아주 한국적이면서도 국악, 판소리, 민요, 시조창의 고루함을 벗어나 있다. 미국, 유럽, 아프리카 어느 곳을 가더라도 먹힐 수 있는 유니버설한 음악이다"라고 평가한다.

장례식장에서도 망자(亡者)를 위해 노래를 부르셨다던데….

__엄니가 돌아가셨을 때 상주인 지가 〈비 내리는 고모령〉을 선물로 불러드렸시유. 경제학자이자 언론인인 정운영 선

생의 영결식에서는 〈봄날은 간다〉를 불렀고, 신영복 선생 출판기념회에서는 〈동백아가씨〉를 불렀시유. 작가 이청준 선생 장례식에서는 미당의 시에 곡을 붙인 〈황혼길〉을 불러 드렸지유. 원래 문상은 돈만 내고 공허한 대화만 나누고 가는 것이 아니라 한바탕 푸지게 놀다 가는 것이지유.

늘 웃는 얼굴로 천하태평인 것 같지만 그가 살아온 인생은 결코 간단치 않다. 새우젓으로 유명한 충남 홍성군 광천읍 농가에서 7남매 중 맏아들로 태어났다. 가난한 시골 생활을 견디다 못해 무작정 상경했다.

선린상고 3학년 2학기 때 처음 취직한 보험회사 사무직을 시작으로 25년 동안 무역회사 사무직, 가구점 직원, 독서실 주인, 카센터 사무장 등 열댓 개 직장을 전전했다. 그의 말처럼 한마디로 '별 볼 일 없는' 인생이었다.

왜 그렇게 직장을 옮겨 다니셨습니까.

__지가 원래 자발(참을성)이 없시유. 학벌도, 능력도 없구, 술 담배도 못 해유. 근데 꿈은 많아유. 지 이름이 생각 사(思)에 날개 익(翼)이니 생각이 날아다니지 않겄시유?

나이 마흔세 살이 지나던 1992년 말 그는 제2의 인생에

도전해보기로 작심한다.

__이건 아니여. 열심히 산다고 했지만 최선을 다해 산 것은 아니잖여. 이제부턴 증말 내가 하고 싶은 일을 해봐야 할 티여.

그는 자신이 하고 싶은 일과 할 수 있는 일 10가지를 죽 적어놓고 한참을 들여다보다 맨 마지막에 쓰인 '태평소'를 찍었다. 1980년대 초부터 거의 독학으로 배워든 태평소를 한 3년간 죽기 살기로 불어보자고 결심한 것이다. "한 푼도 돈 달라는 소리 안 할 테니 시켜만 달라"고 졸라 평소 팬으로서 인연이 있던 이광수 사물놀이패에 합류했다.

태평소는 사물놀이에 있어도 되고, 없어도 되는 악기였지만 얼마 안 가 그의 태평소는 '화룡점정(畵龍點睛)' 격 악기가 됐다. 전주 대사습놀이와 전국 민속경연대회 등에서 대상을 휩쓸었다. 그의 진가는 특히 사물놀이 끝에 벌어지는 뒤풀이에서 드러났다.

"〈봄비〉 그게 18번이구, 〈님은 먼 곳에〉와 〈동백아가씨〉 등을 앵콜곡으로 불러제꼈쥬. 아주 끝내줬슈. 무대에선 내가 주인공이 아니지만 뒤풀이에선 내가 완전 스타여."

첫 직장이 서울 종로2가여서 근처인 낙원상가 학원에서

3년 동안 노래를 배운 것이 '가수 수업'의 전부였던 그다.

1994년 여름 '괴짜 피아니스트' 임동창이 그를 찾아왔다. "형. 세상에 나가.", "아이구, 내가 나이가 몇인디….", "형 걱정 마. 우리가 한번 뒤집어지게 놀아보자고." 그해 11월 그는 서울 신촌의 소극장에서 가수로 데뷔했다. 그리고 단박에 가요계를 뒤집어놓았다. 그의 나이 마흔다섯이었다.

대표곡 〈찔레꽃〉이 수록된 첫 음반《하늘 가는 길》이후 〈기침〉, 〈허허바다〉, 〈꿈꾸는 세상〉, 〈사람이 그리워서〉에 이어 지난해 6집 음반《꽃구경》까지 냈다. 어느새 그는 누구나 인정하는 '우리 시대의 소리꾼'으로 우뚝 섰다.

그는 단순한 가수(歌手)가 아니다. 소리꾼 또는 '민중 딴따라'라고 해야 한다. 단순히 한국적이고 서민적이라는 의미만은 아니다. 제도권 안에 있지 않으면서 제도권을 압도하는, 또 그 이상을 넘어서는 무엇인가가 그의 노래에는 있다. 조용필이 국민가수 또는 가왕(歌王)이라면, 그는 토종가객(歌客) 또는 가혼(歌魂)이라고 불러야 옳다.

사람들이 왜 그렇게 열렬하게 장사익의 노래를 좋아한다고 생각하시나요.

__노래는 정성인데, 지가 기를 쓰고 피 토하듯 정성을 다해 노래하는 것을 좋게 봐주시는 것이겠지유.

노래는 슬프지만 얼굴은 태평합니다. 인터넷 홈페이지에도 '하루하루가 모여 일생이 됩니다. 즐겁고 슬픈 얘기들 엮어 노래를 부릅니다. 세상이 참 아름답고 살 만합니다'라는 글을 남겼더군요. 진면목(眞面目)은 무엇인가요.

__전 늘 즐거워유. 노래를 부르기 전엔 얼굴을 찡그렸지만, 노래를 부르기 시작한 후 얼굴이 펴졌슈. 아무래도 웃는 사람이 복 받고 일거리도 생기는 게 아니겠시유. 지 노래가 대부분 슬픈 건 사실이지만 슬퍼서 짜증나는 게 아니라 울고 나서 후련해지는, 뭐라나 카타르시스가 된대유. 그걸 '생산적 슬픔'이라고 하는 사람도 있어유.

자신의 음악적 미래를 낙관하시나요.

__예. 지는 아흔까지 노래를 부르겄시유. 지금은 힘과 테크닉으로 노래를 부르지만 그때는 저만의 '노인네 소리'로 노래를 부르고 싶어요. 생각만 해도 즐겁구먼유.

데뷔 무대를 마련하고 첫 음반에 반주를 맡았던 피아니스트 임동창 씨와는 그 후 작업을 하지 않았습니다. 음악적으로나 인간적으로 결별한 건가요.

__만나고 헤어지는 것이 사람 사는 세상의 일이지유. 지 노래의 길을 터준 참 고마운 친굽니다. 길을 가다 보니 견해도

생각도 달라 각자의 길을 가게 됐시유. 비틀스의 존 레넌과 폴 매카트니, 사이먼과 가펑클도 그랬잖아유. 요즘은 1년에 한두 차례 정도나 연락이 됩니다. 뭐니 뭐니 해도 피아노 연주는 동창이가 최고지유.

가족 관계는…. 자녀들은 뭘 하나요.

__나이 차이가 좀 있는 무던한 마누라와, 결혼한 두 아들이 있시유. 아들 둘이 모두 대금을 하는데 큰애는 국립 국악관 현악단, 작은애는 정동극장 단원으로 일하고 있시유.

그의 집에는 부부의 자필 사인이 담긴 백년가약서가 있다. '하늘 고완선과 땅 장사익은 금후(今後) 100년 동안 항상 사랑하고 존경하고 늘 행복함을 유지시킨다는 약서(約書)를 씁니다. 단, 100년 후에는 영원(永遠)으로 계약조건을 변경합니다'라는 내용이다. 결혼 때 장 씨가 직접 쓴 글이다. 이 집에서는 아내가 하늘이고 남편이 땅이다. 하지만 부부는 기자 앞에서 서로를 "산만하고 정신이 없다"고 공격한다.

공연표 구하기가 어렵다, 개런티가 비싸다, 스케줄 잡기가 힘들다는 불만도 나옵니다.

__지가 그런 일에 참 서투르구먼유. 친한 사람이 많고 거절

을 못 해서 일정을 관리하는 집사람이 지 때문에 욕을 많이 얻어 먹지유.

국내 가수 중에는 누구를 치나요.

__ 생존해 기신 분 중에는 이미자, 나훈아, 조용필 선생님이지유. 돌아가신 분 중에는 배호 선생님이 최고여. 그분이 스물아홉에 돌아가셨는데 그 나이에 부르신 노래를 지금 내가 이 나이가 돼서 불러도 그 필(feel)이 안 나오는구먼유.

직장을 잃거나 은퇴하고 실의에 빠져 있는 이들에게….

__ 지 경험에 비추어 집착하지 말라는 말씀을 드리고 싶어유. 만약 지가 처음부터 가수가 되겠다고 생각했으면 오늘의 지는 없을 거구먼유. 절박할수록 급하게 생각하지 말고 넉넉하게 생각해야 해유. 사람은 누구나 꽃을 피울 때가 있다고 믿어유. 그게 인생이여유.

그의 고음을 따라가기 힘든 것처럼, 그의 생애를 본떠 살기는 힘들 것이다. 하지만 혹독한 겨울이 지나면 어김없이 봄날은 온다.

장사익의 단골노래 & 뒷얘기

♪ **찔레꽃** 지 인생이 제일 밑바닥일 때 만든 노래라 특히 애착이 가는구먼유. 아파트 주변에 장미꽃이 활짝 폈는데 기막힌 향기가 나기에 냄새를 맡았더니 아무 냄새도 안 나. 주변에 그동안 눈여겨보지 않았던 작은 꽃에서 기막힌 향기가 나는 거예유. 이 꽃이 바로 나구나 하는 심정으로 만들었쥬.

♪ **하늘 가는 길** 외국 사람들이 '한국의 레퀴엠'으로 치는 노래쥬. 초등학교 5학년 때 아버지가 벚꽃 터널 속으로 상여를 몰고 가면서 "야, 나도 이런 계절에 꽃상여 타고 하늘나라로 가고 싶다"고 하셨던 것을 기억하며 만들었슈.

♪ **국밥집에서** 인생에 회한을 느끼는 심정을 담았쥬. 요즘도 가끔 인사동에서 작사를 한 친구와 마주치는데 꼭 노래처럼 그곳에서 그 노래를 부르고 있지유.

♪ **아버지** 허형만 선생님의 시를 보니 완전 우리 아버지가 지한테 하시던 얘기여. 그래서 만들었쥬. 우리 엄니, 아버지는 그래도 지 잘되는 것 보고 가셨어유.

♪ **동백아가씨** 우리나라 대중가요 중 최고의 노래쥬. 외국 가서 동포들 앞에서 그 노래 부르면 다 끝나버려유. 앙코르 곡으로 많이 불러유.

♪ **봄비** 신중현 선생님은 천재예유. 리듬과 멜로디가 지금 불러도 시대를 앞서가는 노래가 아닌가 생각해유.

♪ **님은 먼 곳에** 멜로디 전개가 죽이쥬. 김추자 씨의 가창력과 모션도 기맥히구.

♪ **대전 부르스** 명곡이쥬. 보통 2부 첫 번째 노래로 부르는데 분위기가 순식간에 완전 나이트 분위기로 바뀌쥬. 블루스 대표곡이랄 만하쥬.

(2010. 2. 1.)

* 2024년 데뷔 30주년 기념 공연 제목은 '꽃을 준다 나에게'였다. 자신에게 꽃을 주어도 좋은 인생이다.

끼, 오기, 근성의 월드 스타
강수연

끼와 오기, 철저한 배우 근성으로 한국 여배우의 자존심을 지켜온 강수연. 배우 데뷔 40년을 맞은 올해 임권택 감독의 101번째 작품 〈달빛 길어 올리기〉에 출연해 특유의 끼와 카리스마를 보여줄 것으로 기대된다.

네 살 때 '길거리 캐스팅'으로 영화배우로 데뷔했다. 초등학교 1학년 때 탤런트가 돼 어린이 드라마 〈번개돌이〉, 〈똘똘이의 모험〉, 〈고교생 일기〉 등으로 '스타'가 됐다. 영화 데뷔작은 1976년 이혁수 감독의 〈핏줄〉. 20대 초반에 〈씨받이〉(1987년, 베니스영화제)와 〈아제아제 바라아제〉(1989년, 모스크바영화제)로 여우주연상을 수상해 한국 영화사상 최초로 '월드 스타'가 된 배우.

1966년생이니 올해로 벌써 마흔넷, 배우 데뷔 40년이다. 몇 년, 몇 개월 단위로 수많은 여배우들이 영화계에서 명멸해가고 있으나 우리에게 여전히 '월드 스타'로 기억되는 유일한 여배우, 강수연을 만났다. 새해 들어 그는 임권택 감독의 101번째 작품 〈달빛 길어 올리기〉를 찍고 있다.

한지(韓紙)를 소재로 한 현대극이라고 들었다. 어떤 역할을 맡았나. 또 〈여인천하〉, 〈문희〉 등 TV 드라마 이후 3년 만의 작품이다. 소감은.

__천 년을 간다는 한지의 우수성을 찾아가는 방송 다큐멘터리 감독 역입니다. 다른 영화보다 50배는 더 부담이 돼요. 팬들의 기대치에 대한 두려움에, 잘하고 싶은 욕심 때문에. 원래 제가 다작은 아니에요. 이전에도 겹치기 출연은 안 했어요.

상대 배우가 코믹 이미지가 강한 박중훈이라 '조합'이 잘 맞지 않을 것 같기도 한데.

__아니에요. 중훈 씨야말로 할리우드에 진출한 '월드 스타'잖아요(웃음). 1987년 히트작인 〈미미와 철수의 청춘 스케치〉에서도 호흡이 잘 맞았어요. 나이도 동갑이라 친구처럼 편하게 지내요. 우리 둘은 서로 잘 어울린다고 생각하는데…(웃음).

임권택 감독은 배우 강수연에게 어떤 존재인가.

__영화에 앞서 제 인생의 '어른'이시죠. 〈씨받이〉와 〈아제

아제 바라아제〉 딱 두 작품만 같이했지만 저의 모든 것을 꿰뚫고 계시고, 어떤 고민도 의논할 수 있는 분이세요. 영화뿐 아니라 인생 전반에서 정말로 많은 것을 배웠고 끊임없이 배울 것이 있는 분이세요. 감독님은 '존재' 그 자체로 한국 영화계에 힘이 되시는 분이에요.

그러나 임권택 감독의 '배우 강수연'에 대한 평가는 지극히 냉정했다. 임 감독에게 물었다.

20여 년 전 강수연을 처음 캐스팅하실 때 어떤 점을 평가하셨습니까.

__암팡지면서도 노련하고, 최선을 다하는 자세가 눈길을 끌었습니다.

솔직히 강수연이 '월드 스타'로 도약하지는 못하지 않았습니까.

__너무 어린 나이에 스타가 됐죠. 한국 영화가 요즘 같은 시스템만 됐더라도 정말 큰 배우가 될 수 있었을 텐데…. 영화적으로도 자기 관리를 잘하지 못했어요. 삶의 깊은 것을 건드리는 영화를 했어야 했는데 사랑 얘기에 너무 많은 열정을 쏟았어요. 작품 선택에 결정적 잘못이 있었던 셈이죠.

배우 강수연의 인간적 장단점도 많이 아실 텐데.

__우선 통이 크고 의리가 있죠. 부산 동서대에 제 이름을 딴 '임권택 영화예술대학'이 있는데 벌써 4학기째 특강 강사들을 수연이가 다 불러 내려요. 한번 불러 오려면 몇백만 원 주어야 하는 배우, 스태프를 수연이가 다 데려와요. 그것도 무료로. 특강료는 대학에 기부하고. 나 참, 재주도 좋아.

이번 영화에 강수연을 기용한 배경은.

__몇 해 전부터 여러 영화제를 같이 다녀오면서 '너도 이제 나이도 있고 하니 너한테 맞는 영화를 할 때가 되지 않았느냐'고 했고, 본인도 전적으로 수긍했지요. 그래서 강수연한테 맞는 역할이 있다면 같이 한번 해야겠다고 생각했고, 이번에 적역이 나왔어요.

여배우 강수연이 아직 매력적입니까.

__아역이나 청춘 시절의 강수연이 아니라 '지금의 강수연'이 갖고 있는 매력을 담아내자는 것이 나의 생각입니다. 강수연의 미모는 이제 영화에서 더는 매력적일 수 없습니다. 이 영화를 통해 강수연이 그 나이에 가질 수 있는 또 다른 매력을 찾아내는 것이 수연이와 저의 과제입니다.

과연 임권택 감독이다. 한국 영화에서 여배우 강수연에

대해 이렇게 냉정한 평가를 내릴 수 있는 사람은 없다.

배우 강수연은 한국 영화계의 '여자 보스'다. 그의 카리스마 앞에서는 아무리 인기가 있는 배우들이라도 꼬리를 내린다. 설경구 같은 터프 가이도 "누나, 누나" 하며 강수연을 떠받든다. 남녀 배우, 감독, 제작자 등 네댓 명이 강수연과 술로 '일전(一戰)'을 벌였다가 모두 '전사(戰死)'했고, 어느 덜 떨어진 영화 제작자 한 사람이 강수연을 호텔로 불러내 수작을 걸었다가 따귀를 맞은 사건은 전설처럼 회자된다.

"사실이냐"고 조심스럽게 물었더니 "그런 사람이 하나 둘인가요 뭐" 하고 아무렇지도 않은 듯 대답한다. 그러면서 "단지 여자라는 이유만으로 함부로 하는 것은 나이와 지위를 막론하고 못 받아들인다"고 단호하게 말했다.

인터뷰를 어느 정도 마치고 강수연과 기자, 평소 둘과 모두 친분이 있는 변호사와 셋이서 저녁을 먹고 노래방으로 2차를 갔다. 술기운에 기대 조심스러운 질문 몇 개를 더 던졌다. '한 춤' 하는 그녀는 노래는 가급적 삼간다.

이날은 팬 서비스 차원에서 심수봉의 〈사랑밖엔 난 몰라〉와 전유나의 〈너를 사랑하고도〉를 불렀다. "장사익이 부르는 〈봄날은 간다〉를 듣고 흘러내리는 눈물을 주체하지 못했고, 김광석과 심수봉, 빅뱅 등의 노래를 좋아한다"고 한다.

사랑하거나, 지속적으로 만나는 남자는 없나.

__없어요. 진짜예요. 여배우가 이런 소리 하면 아무도 믿지 않겠지만, 좀 창피하죠. 이 나이 되도록 결혼도 못 하고 사귀는 남자도 없으니. 좋은 감정으로 교제하는 남자가 있으면 절대 숨기지 않겠어요.

누구랑 사나.

__여섯 식구예요. 여배우와 강아지 두 마리, 그리고 고양이 세 마리. 강아지는 가족 같고, 고양이는 애인 같아요.

남자한테 덴 적이 있거나 눈이 너무 높은 거 아닌가.

__정신적으로 환멸을 느낀 적은 있어요. 그렇다고 해서 지금 연애를 하고 싶지 않다는 의미는 아니에요.

독신주의자는 아니지 않나.

__절대 아니죠. 저는 사람이 결혼도 하고 아이도 낳으면서 늙어가야 한다고 생각해요. 저 역시 결혼해서 아이도 낳고 싶고요. 하지만 결혼은 인연이라고 생각해요. 생각보다 남자 보는 눈도 높지 않아요. 대시하는 남자가 없었을 뿐이죠.

나이 들면서 자기 얼굴이 어떻게 변해간다고 생각하나.

__어느 날 갑자기 지난 사진들을 보면 많이 변했구나 하는 생각이 들어요. 하지만 담담하게 받아들여요. 예뻐지기보다는 근사하게 나이 먹고 싶어요.

정말 성형을 한 곳도 안 했나. 거짓말하면 안 된다.

__(자신 있게) 그럼요. 물론 피부 관리나 처치 정도는 하지요.

사람들은 강수연의 3대 매력 포인트로 이마, 눈, 입술을 꼽는다. 나는 눈을 제일로 친다. 가까이서 들여다본 사람만이 안다. 빨려 들어가는 것 같다. 그래서 오래 쳐다보지 못하고 고개를 돌린다.

하지만 배우 이전의 '여자 강수연'은 외롭고 고단하다. 배우 이전에 생활인이기 때문이다. 사업에 크게 실패했던 아버지가 당뇨병을 오래 앓고 있고, 오빠 둘과 여동생이 있다. 그에게는 또 생모와 서모, 두 분의 엄마가 있다. 한때 '소녀가장'이기도 했다. 하지만 그는 식구들 수발드는 일을 한 번도 불평해본 적이 없다. 임권택 감독은 "대견하고 불쌍한 아이다"라고 말했다.

영화나 TV 출연을 하지 않을 때는 어떻게 먹고사나.

__자산이나 통장 잔액이 많지는 않지만 생활을 유지할 정

도는 돼요.

벌어놓은 돈이 많나.

__제가 돈벌이하고는 인연이 없나 봐요. 얼마 전 이사해 살고 있는 청담동 빌라도 전세죠.

스폰서는 없나(강수연은 이 질문의 복합적인 함의를 능히 알아차릴 수 있는 배우다).

__전혀 없어요. 제가 돈을 대줘야 하는 사람만 있지…(이 얘기를 할 때 그의 얼굴에 쓸쓸한 미소가 스쳐갔다). 아버지의 사업 실패로 고등학교 때부터 제가 사실상 가장이었어요.

그런 가정환경이 결혼에 장애가 됐나.

__아니에요. 단지 결혼하고 싶은 사람이 없었을 뿐이에요. 지금은 가족이 다들 자기 일을 갖고 있기 때문에 저는 제 앞가림만 하고 살아요.

다시 '배우 강수연'으로 돌아가자. 지난가을 부산국제영화제에서 새로 발견한 사실이 있다. 김동호 집행위원장이 이 영화제의 '대부(代父)'라는 것은 누구나 다 아는 사실이다.

하지만 스크린 뒤에서 이 영화제의 성공을 위해 하루 수십 군데 얼굴을 비치고 밤을 새우다시피 파티장과 술집을 순회하는 '얼굴 마담' 세 사람이 있었다. 임권택 감독과 배우 안성기, 강수연이었다.

새벽 3~4시까지 영화인들과 술자리를 갖다 아침 7시 화장을 말끔하게 한 얼굴로 부산영화제를 참관하기 위해 온 국회의원들과의 조찬장에 나타난 강수연을 보고 나는 정말 감탄했다.

강수연에게 영화란 무엇인가.

__끊임없이 답을 안 주는 짝사랑 같은 것?

냉정히 말해 '월드 스타'와는 거리가 있다. 당신의 영화적 미래에 대해 어떻게 생각하나.

__1980년대 중·후반만 해도 세계 영화계에서 한국 영화에 대한 인지도와 위상이 형편없이 낮았어요. 지금은 저변이 많이 넓어졌고, 좋은 배우도 많이 나오고 있으니 '월드 스타'가 나올 여건이 됐다고 생각해요. 저는 기력이 있는 한 배우를 하고 싶어요. 75세가 됐을 때 〈집으로〉의 할머니 같은 역할을 하면 정말 좋겠어요.

〈경마장 가는 길〉에서 주연을 맡았던 그와의 첫 인터뷰

자리에서 나는 '이렇게 오밀조밀하게 예쁜 여자가 있나' 하는 생각에 차마 눈을 마주치지 못했다. 20대 강수연은 '너무 예뻤다.' 그는 한국 영화계에서 너무 빨리, 너무 국제적인 스타가 돼 개인적으로는 피해를 봤다. 그렇더라도 한국 영화계에 강수연 같은 배우가 있다는 것은 큰 축복이다. 한국 영화는 그에게 너무나 많은 것을 빚졌다.

강수연이 말하는 '여배우+남배우들'

전도연 연기 잘하고 매사 열심이죠. 욕심도 많아요. 일도 살림도 다 완벽주의자예요.

김혜수 너무 매력 있는 배우죠. 한국 영화사에 오래 기록될 배우죠.

이미숙 개인적으로 너무 좋아하는 화끈하고 화통한 언니죠. 제게 "연애는 해도 애는 낳지 마라"고 하셨어요.

설경구 매력 있죠. 연기 잘하고. 남들은 송윤아가 아깝다고 하는데 나는 시집 잘 갔다고 생각해요.

장동건 너무 잘생겼고, 그것이 그 배우의 가장 큰 문제죠. 잘생긴 것만 보이지 연기가 보이지 않으니까.

이병헌 여자들이 좋아할 만한 매력을 선천적으로 타고났죠. 그래서 본인이 힘들 거예요.

하정우 개발 안 된 매력이 너무 많은 것 같아요. 그래서 항상 기대를 갖게 돼요.

(2010. 1. 18.)

* 강수연은 2022년 5월 느닷없이 세상을 떠났다. 그가 영화계 후배들에게 했다는 “우리가 돈이 없지 가오가 없냐”는 말은 정말 명언이다.

아나운서가 최고 직업, 김동건 아나운서

김동건 아나운서가 7년 만에 KBS 1TV 〈가요무대〉에 복귀했다. 노무현 정부 출범 후인 2003년 이른바 '코드 논쟁' 속에 18년 동안 진행해온 프로그램에서 전격 하차했던 그로서는 감회가 남다를 수밖에 없을 것이다. 당시 KBS 측은 그의 교체를 "MC 세대 교체"라고 강변했다. 복귀 후 첫 녹화방송을 마친 김 아나운서를 만났다.

복귀 소감은.

__ 얼떨떨하다. 그동안 몇 차례 다시 〈가요무대〉를 맡게 될 것이라는 얘기가 있었지만 이렇게 현실이 될 줄은 몰랐다. 반갑게 맞아준 방송국 식구들과 7년 동안 이 프로그램을 맡아준 후배 전인석 아나운서의 노고에 진심으로 감사한다.

복귀 후 첫 녹화라 신경이 쓰였을 것 같다.

__어떻게 인사를 드려야 할지 고민을 많이 했고, 주위 사람들한테서도 의견을 많이 들었다. 그런데 막상 무대에 서니 떨리고 아무것도 생각이 안 나더라. 눈물이 나오려고 하는 것을 간신히 참았다. 다음부터는 잘될 것으로 기대한다.

김 아나운서는 1985년 11월 〈가요무대〉의 마이크를 잡은 이래 2003년 6월 16일까지 18년간 832회를 진행했다. 〈뉴스 파노라마〉, 〈우리들 만세〉, 〈무엇이든 물어보세요〉, 〈11시에 만납시다〉 같은 정규 프로그램과 이산가족 찾기, 미스코리아 선발대회 같은 특별 생방송의 단골 진행을 맡았지만 〈가요무대〉가 그의 상징과도 다름없는 프로였다.

KBS 측도 "〈전국 노래자랑〉 하면 송해 씨가 떠오르듯, 김동건 아나운서는 〈가요무대〉의 아이콘과 같은 존재"라며 "국내외 시청자들이 김 아나운서의 구수한 말솜씨를 듣고 싶어 해 〈가요무대〉 25주년을 기념해 모시게 됐다"고 말했다.

정권이 바뀌면 방송 프로그램 진행자가 바뀌는 것은 아무래도 바람직하지 않은 것 같다. 그동안 〈가요무대〉에서 하차한 데 대해 공식적 언급을 삼가왔다. 하지만 알 만한 사람은 다 알고 있었던 것 같다. 7년 전 〈가요무대〉를 그만두게 된 상황을 설명해달라.

__다 지나간 얘기라 시시콜콜 거론하고 싶지 않다. 아직 현

직에 있는 후배들도 있고…. 사장이 바뀌면 간판 프로그램의 존폐 논의와 진행자 교체는 할 수 있다고 본다. 다만 한 가지 분명히 얘기해두고 싶은 것은 어떤 경우라도 시청자에 대한 예의는 지켜야 한다고 생각한다.

아무리 인기가 있다고 한들 특정 진행자가 어떤 프로그램을 평생 할 수는 없는 것 아니냐. 나 역시 언젠가는 〈가요무대〉를 떠나게 될 것이라고 생각해왔다. 그런데 하루아침에 아무런 설명도 없이 교체 통보를 받고 보니 참 당혹스럽더라. 18년간이나 진행해온 프로그램인데 최소한 시청자한테 인사할 기회는 주어야 하는 것 아니냐.

그는 완곡하게 당시의 상황을 설명했다. 하지만 방송가에서는 녹화를 마치고 나온 그에게 누군가가 "다음 주부터는 다른 사람이 가요무대를 진행하게 되니 나오지 마십시오"라고 일방 통보했다고 한다. 방송국에 항의가 빗발치고 언론의 인터뷰 요청이 쇄도했지만 그는 전화기를 끈 채 일절 응하지 않았다. 자신의 명예와 자존심이 걸린 문제라고 생각했기 때문이다.

진행자 교체에 대한 KBS의 설명은 무엇이었나.

__ 누구도 그것에 대해 이야기하는 사람이 없었다. 그저 정

권이 바뀌고 사장이 교체된 후 그렇게 됐다. 얼마 뒤 누군가로부터 '우리 입장을 좀 생각해주셨으면 좋겠다'는 간곡한 요청이 있어, 후배들을 편하게 해주기 위해 내색하지 않고 KBS 사장이 주는 감사패를 받았다.

연세대 교육심리학과 출신으로 1963년 3월 동아방송 1기로 아나운서가 됐다. 현역 최고참 아나운서로 한국아나운서클럽 회장을 맡고 있으며 방송사를 가리지 않고 후배 아나운서들을 챙긴다.

동아방송에 대한 애정이 남다르다고 들었다.

__당시 동아방송 아나운서 실장은 전영우 씨였고, 차장이 박종세 씨였다. 그때 동아방송은 재미있고 비판적이어서 대단히 인기가 높았다. 군인, 달러장사 등 방송 보도 내용에 불만을 품은 사람들이 툭하면 난입하는 바람에 셔터를 수시로 내려야 할 정도였다. 동아방송 출신 아나운서라는 사실에 늘 자부심을 갖고 있다. 동기생이 8명인데 현업에 있는 사람은 나 혼자다.

아나운서가 대학생들이 선망하는 최고 직종 중 하나가 됐다.

__라디오가 전성기를 구가하던 1950~1960년대에는 장기

범, 강찬선, 황우겸, 임택근, 최계환, 강영숙, 이광재, 전영우, 박종세 아나운서 등이 스타였다. 어떤 의미에서는 지금 아나운서들보다 더 인기가 있었었다.

어쨌든 우수한 인재들이 아나운서를 하고 싶어 한다는 것은 바람직한 일이다. 하지만 일단 아나운서의 길에 들어선 이상 전문성을 갖고 자신의 영역에서 최선을 다해야지 한눈을 팔아서는 안 된다. 어쨌든 나는 아나운서가 제일이라고 생각하며 살아왔다.

이 대목에서 그는 일화 하나를 소개했다. 지난 총선 직후 후배 아나운서들이 아나운서클럽 회장인 그에게 "국회의원에 당선된 아나운서들에게 축하패를 만들어주자"고 했을 때 "국회의원 하다가 아나운서가 되면 축하할 일이지만 아나운서 하다가 국회의원 된 게 무슨 축하할 일이냐"고 했다는 것이다. 아나운서에 대한 그의 자부심을 엿볼 수 있는 '뼈 있는 농담'이 아닐 수 없다.

아나운서가 '아나테이너(아나운서+엔터테이너)'화하고 있는 데 대한 우려의 목소리가 있다.

__아나운서는 다른 무엇에 앞서 우리말을 지켜야 하며, 그러기 위해서는 품위가 있어야 한다. 품위 없이 어떻게 한 나

라의 모국어를 지킬 수 있겠나. 영국의 표준어는 BBC의 언어이듯, KBS 아나운서들이 사용하는 말이 국어사전에 표준어로 올라야 한다. TV 출연자는 사투리를 써도 되지만 진행자는 반드시 표준어를 써야 한다. 아나운서는 자신이 품위를 지키지 못하면 나라의 품위가 떨어진다는 인식을 갖고 방송을 해야 한다.

오랫동안 〈가요무대〉를 진행해왔는데 개인적으로는 어떤 가수와 노래를 좋아하나.

__진행자로서 대답하기 곤란하다(웃음). 내가 이미자를 제일 좋아한다고 하면 패티김이 섭섭해할 테고, 조영남이 노래를 잘한다고 하면 조용필의 기분이 안 좋을 것 아니냐. 사실 내가 좋아하는 노래는 윤극영의 '반달'이나 현제명의 '고향생각' 같은 동요다.

한국 가요의 힘은 무엇이라고 생각하나.

__가요는 아무래도 부르기 싶고 가슴에 와닿기 때문에 많은 사람의 공감을 자아내는 것 같다. 또 추억을 일깨워주면서 위안을 주는 힘이 있다. 합창을 많이 하는 국민이 단결력이 있다는 얘기가 있다. 그런데 우리는 합창보다는 독창을 좋아하는 것 같아 안타깝다. 외국에 가서 합창을 유도해봐

도 마땅히 부를 노래가 별로 없다. 앞으로 합창하기 좋은 노래가 많이 작곡되고 불렸으면 좋겠다.

다시 맡게 된 〈가요무대〉에 대한 소망이 있다면.

__〈가요무대〉를 통해 대한민국과 미국, 일본, 중국, 러시아 등 세계에 흩어져 있는 한국인들이 자긍심을 느끼고 한 핏줄이라는 인식을 가질 수 있었으면 좋겠다. 실제로 이 프로그램을 시청하면서 '내가 한국인이구나' 하고 실감했다는 편지와 전화를 수도 없이 받았다. 또 이 프로그램을 통해 우리 민족이 지역과 남녀노소를 넘어서 진정한 국민 화합을 이룰 수 있었으면 좋겠다. (2010. 5. 14.)

* 김동건 아나운서는 현재 만 87세인데도 왕성한 활동을 하고 있다.

최초의 여성 국사편찬위원장 정옥자

6월은 호국보훈의 달이다. 그 중심에 동족상잔의 비극을 초래한 '6·25전쟁'이 있음은 부인할 수 없다. 특히 6·25 발발 60주년이 됐고 천안함 폭침 사건 여파로 이 전쟁이 여전히 '현재진행형'임을 실감케 된다. 이 땅에 살고 있는 사람치고 6·25와 관련된 고통스러운 기억이 없는 사람은 과연 몇 명이나 될까.

정옥자 국사편찬위원장도 그중 한 사람이다. 10년간 전업주부로 지내다 대학원에 입학해 조선 후기 사상사와 지성사를 전공한 그는 서울대 최초의 여성 국사학과 교수로 임명돼 규장각관장 등을 지냈고 2008년 3월 최초의 여성 국사편찬위원장으로 임명됐다. 누가 봐도 남부러울 것 없는 인생이다. 늘 밝고 명랑한 데다 아직도 소녀 같은 풋풋함을 간직한 정 위원장의 이면에 6·25로 말미암은 참담한 개인사가 숨겨져 있다는 것은 상상하기 어렵다.

1942년 강원 춘천의 유복한 가정에서 태어난 정 위원장은 네 딸의 장녀로 행복한 유년기를 보냈다. 그러나 6·25전쟁은 그 기억을 참혹한 악몽으로 바꾸어놓았다. 피란길에 나선 아버지가 어린 딸 셋을 안고 청평호에 뛰어들어 자살한 것이다. 이어진 혹독한 공습과 빨치산의 총탄 세례를 뚫고 살아난 그는 언젠가 "실제 전쟁을 목격했기 때문에 어떤 전쟁영화를 봐도 실감하지도, 감동하지도 못한다"고 고백한 바 있다.

힘든 개인사를 다시 돌이키게 해 죄송합니다만 당시 상황을 구체적으로 말씀해주십시오.

__남들보다 늦게 피란길에 나섰습니다. 일행은 저희 가족과 친척, 아버지가 하시던 업체 종업원 가족 등 20명가량 됐던 것 같아요. 서울을 거쳐 외가인 충남 서산으로 가려고 했는데 이미 서울이 적의 수중에 떨어졌다는 소식을 듣고 다시 춘천으로 돌아와야 했습니다. 배를 전세 내 청평호를 거슬러 오르던 도중 갑자기 아버지가 동생 셋을 껴안고 강으로 뛰어드셨습니다. 순식간에 벌어진 일이었습니다. 나중에 아버지 구두 밑에서 명함에 쓴 유서를 발견했습니다. 보름

쯤 지나 시신이 모두 발견됐고 일단 가매장했다가 전쟁 후 화장해 청평호에 뿌렸습니다.

아버지는 왜 그런 선택을 하셨을까요.

__사업을 하셨으니까 공산당한테 붙잡히면 반동분자로 몰려 죽게 될 몸이니 내 목숨 내가 거두고 자식들도 데려가겠다고 생각하셨던 것 같아요. 나를 데려가지 않으신 것은 조금 철이 들었고 주위에서 똑똑하고 공부 잘한다는 소리를 듣고 있었으니 '너라도 살아남아 열심히 해서 훌륭한 사람이 되고 어머니도 잘 모셔라' 하는 메시지가 아니었는가 싶어요.

어린 나이에 아버지와 세 동생의 동반자살이라는 참혹한 광경을 목격하셨는데 어떻게 그 상처를 극복하실 수 있었습니까.

__어려서부터 부모님은 물론이고 선생님, 친척, 이웃 등으로부터 많은 사랑을 받았기 때문에 자존의식이 강했던 것 같아요. 자신이 꽤 소중한 사람이라는 자존감이 모진 풍파를 견딜 수 있었던 힘의 원천이 아니었나 싶습니다. 또 죽을 고비를 여러 번 넘기면서 어떻게 해서든 살아남아 먼저 간 사람들의 몫까지 해야 한다는 생각도 했던 것 같아요. 청소년기에는 닥치는 대로 책을 읽으면서 위안을 찾았지요.

역사학자로서 6·25전쟁을 어떻게 규정하십니까.

__ 한마디로 '좌우 이념 대립의 대리전(代理戰)'이죠. 동서 냉전 체제라는 새로운 세계 질서가 구축되던 시대에 불행하게도 분단 상황이던 우리에게 그 시련이 닥친 것입니다. 그 당시 우리 민족이 전쟁까지 벌일 이유가 뭐 있었겠습니까. 그럼에도 역사상 미증유의 동족상잔의 전쟁을 겪었고 그 후유증이 아직도 우리 사회를 옥죄고 있습니다. 정말 '나쁜 전쟁'이죠.

일각에서 '북침설'이나 '남침 유도설'을 제기하는 사람도 있습니다만.

__ 정신 나간 사람들이 만들어낸 얘기죠. 6·25를 체험한 사람들은 결코 그런 얘기에 동조할 수 없습니다. 역사는 사실의 기록이지 상상력의 산물이 아닙니다. 공산권에서도 자료가 나와 이미 증명된 사실입니다. 이념을 떠나 이 점만은 분명히 해야 합니다.

6·25전쟁이 우리 역사에 준 교훈은 무엇인가요.

__ '전쟁은 미친 짓'이라는 것을 가르쳐준 것입니다. 복수는 또 다른 복수를 가져옵니다. 화해와 용서만이 6·25를 극복하는 길입니다. 전쟁을 잣대로 역사를 보는 식민주의 사관이나 부국강병을 최고 논리로 내세우는 제국주의 사관을 저

는 단호히 배격합니다. 그 대신 평화 사관과 문화 사관을 주창합니다.

오늘의 젊은 세대에게 6·25는 '잊어진 전쟁'이 되고 있습니다.

__ 안타까운 일입니다. 이 전쟁은 '휴전' 상태이지 '종전(終戰)'된 것이 아닙니다. 천안함 폭침사건이 이를 단적으로 보여주고 있지 않습니까. 우리가 누리는 자유와 풍요는 호국용사와 순국선열의 피와 땀으로 이룩된 것입니다. 돌아가신 분들에게는 정신적, 물질적 보상을 해드려야 하고 그 후손들까지 존경을 받아야 마땅합니다.

현 상태에서 6·25가 남긴 가장 참담한 현실은 무엇이라고 생각하십니까.

__ 이산가족 상봉 문제죠. 이 무슨 어리석은 일입니까. 남북의 위정자들이나 통일운동가들도 다른 어떤 문제에 앞서 이산가족 상봉 문제를 하루라도 빨리 해결해야 합니다.

정 위원장의 개인사에서 출발한 인터뷰가 6·25전쟁에 너무 치우치는 것 같아 화제를 '역사 기록'의 문제로 옮아갔다. 그의 얼굴이 비로소 편안해지기 시작했다. 2007년 8월 서울대를 정년퇴임한 그는 고향인 춘천으로 내려가 평소 읽고 싶던 책을 마음껏 읽으며 틈틈이 자신의 개인사를 정리해볼 작정이었다. 하지만 국사편찬위원장으로 임명되는 바람에 이 작업을 뒤로 미뤘다.

우리는 『조선왕조실록』 등 세계적으로 자랑할 만한 기록 유산을 갖고 있는 민족이었습니다. 오늘날에도 그런 노력이 이어지고 있습니까.

__부끄럽게도 그렇지 못합니다. 특히 현대사의 경우 정권이 바뀔 때마다 새로운 기구를 만드는 바람에 사료의 수집과 정리가 일관돼 있지 못합니다. 한국학중앙연구원, 국가기록원, 동북아역사재단 등에서 그 나름의 기준을 세워 자료를 수집하고 정리하고 있습니다. 현재 정부에서 생산된 기록은 모두 국가기록원으로 가게 돼 있습니다.

그렇다면 어디서 누가 우리나라의 현대사를 기록하고 있습니까. 정사(正史)로서의 현대사 말입니다.

__솔직히 말해 명확한 제도와 기준이 없습니다. 생존인물을 평가하기 어렵다는 시간성의 문제도 있습니다. 또 조선시대 실록처럼 국가에서 역사 편찬을 주도하는 시대도 아닙니다. 현대사의 기점을 어디서부터 시작하느냐에 대한 합의조차 이뤄지지 않고 있습니다. 우리 현대사가 유난히 굴곡이 많았던 것도 한 가지 이유가 될 것 같습니다.

국사편찬위원회에서는 어떤 일을 하고 있습니까.

__사료(史料)를 조사, 수집, 정리, 연구, 편찬하는 기능을 하고 있습니다. 제가 부임한 뒤 이래서는 안 되겠다는 생각이 들어 작년부터 『실록 대한민국사』 편찬에 들어갔습니다. 어려운 일이라는 반대도 있었지만 일단 축적된 사료를 토대로 1945년 8월 15일 이후 우리의 현대사를 『실록 대한민국사』라는 이름으로 서술형으로 정리하기 시작했습니다.

매년 한 해씩 정리해나가고 싶은데 쉽지 않은 작업입니다. 아직 1946년으로 넘어가지 못하고 있습니다. 하지만 이미 통계 자료집 두 권을 냈습니다. 또 몇 해 전부터 한국사 능력검정 시험을 시작해 국내외에서 큰 호응을 얻고 있어 보람을 느낍니다. 1년에 두 번 하던 것을 올해는 세 번으로 늘렸습니다. 내년부터는 행정고시와 외무고시 등 고시에도 반영됩니다.

역사 대중화에도 많은 노력을 기울이고 있는 것으로 압니다.

__현재 『조선왕조실록』의 원문과 번역본을 무료로 인터넷에 서비스하고 있습니다. 『고려사』 번역본도 곧 서비스하려고 준비 중입니다. 한자에 문맹이 되어버린 젊은 세대에게 번역본을, 그것도 무료로 서비스하는 것은 우리 문화 발전

에 커다란 폭발력을 갖고 있습니다. 역사소설과 사극 영화, 사극 드라마의 콘텐츠 개발에 크게 기여할 수 있을 뿐만 아니라 작품의 질적 수준을 높일 것입니다.

또 국민들이 우리 역사에 자부심을 갖도록 하는 평생교육, 사회교육 프로그램 개발을 추진하고 있습니다.

'개인사'는 '역사'의 도도한 흐름에 파묻힐 수밖에 없습니까.

__절대 그렇지 않습니다. 개인의 생생한 체험이야말로 역사를 서술하는 데 간과할 수 없는 귀중한 사료입니다. 이를 감안해 몇 년 전부터 여러 분야 주요 인사들의 '구술사(口述史)'를 정리하고 있습니다.

역사 기술이 사관(史官)의 이념이나 성향에 좌지우지된다는 점에 종종 두려움을 느낍니다.

__극우나 극좌는 단호히 배격해야 합니다. 6·25전쟁이 이를 단적으로 보여준 사례입니다. 특히 일부 사학자가 우리 현대사에 대한 '비판'을 넘어 '부정'하려 드는 것은 결코 바람직하지 않다고 봅니다. 1970년대 이후 우리 현대사를 공부한 분들 가운데 이념적으로 치우친 분들이 있었는데 지금은 차츰 균형을 잡아가고 있다고 봅니다.

자신의 고통스러운 개인사를 삶과 학문에 대한 열정으로 승화시키며 밝고 긍정적으로 살아온 정 위원장의 모습에서 60년 전 6월 '살아남아야 한다'고 다짐했던 여덟 살 소녀의 모습이 겹쳤다. (2010. 6. 7.)

갤러리현대 개관 40주년

우리나라 화랑 문화를 선도해오며 이중섭, 박수근 등을 '국민 화가'로 부각시키는 데 큰 몫을 해낸 갤러리현대가 며칠 뒤면 국내 화랑으로는 최초로 개관 40주년을 맞는다.

1961년 화랑업계에 발을 디딘 이래 40년 만에 국내에서 가장 영향력 있는 화상(畵商)이 된 갤러리현대 박명자(朴明子) 대표. 개관 40주년 기념전 준비에 바쁜 그를 만났다.

화랑과 인연을 맺은 계기는.

__ 여고 졸업 직후 이대원 선생(전 홍익대총장)이 운영 책임을 맡고 있던 반도호텔 1층의 여섯 평 반 남짓한 반도화랑에 첫 일자리를 얻었습니다. 그림을 사고판다는 개념이 없었을 때였지요. 박수근 선생의 3호 그림이 3000원(현재 3억 원 호가) 하던 시절이니까요. 차츰 그림에 안목과 애정을 갖게 됐습니다. 1970년 4월 운보 김기창, 우향 박래현 선생 부부의

권유로 인사동에 현대화랑을 열어 독립했고, 1975년 종로구 사간동으로 이사한 뒤 1995년 갤러리현대로 이름을 바꿔 경복궁 동문 앞 사간동 80 현재의 자리로 이전했습니다.

그동안 전시회는 얼마나 하셨습니까.

__300여 회쯤 됩니다. 인사동에 현대화랑을 개관했을 때 어느 신문에 '예술을 팝니다'라는 제목의 기사로 소개된 기억이 납니다. 당시만 해도 화랑은 요즘의 벤처기업이었지요. 인사동 시절의 이중섭·천경자·변관식전, 사간동으로 와서는 이응로·김창렬·이우환·장욱진·백남준전과 박수근 30주기전, 서세옥·유영국·이중섭 특별전이 기억에 남습니다.

갤러리현대의 전시 역사는 바로 우리 현대 회화사나 다름없다는 느낌이 드는군요. 나름대로 지켜온 원칙이 있을 것도 같은데요.

__두 가지입니다. 아무리 유명한 인사라고 해도 직업이 화가가 아닌 사람의 전시회는 하지 않았던 것과, 제가 모르는 고서화나 골동품은 취급하지 않은 것입니다.

가장 보람이 있었던 점은.

__중진과 대가들을 가까이서 접할 수 있었던 점입니다. 생

전에 평가를 받지 못한 분들을 사후에나마 평가되도록 계기를 마련했고, 그분들의 작품을 모아 도록이나 아트 포스터를 만들어 일반에 보급한 것도 큰 보람입니다.

특히 기억에 남는 작품이 있습니까.

__1972년 이중섭전을 하는데 한가운데에 걸린 붉은색 바탕의 〈황소〉 그림이 저를 사로잡아 매일 아침 문을 열기 전 30여 분씩 홀로 그림을 들여다보았습니다. 어떤 외국 대가의 그림도 그 같은 감동은 주지 못했습니다. 그때 출품된 작품 중 작가 내외의 처지를 표현한 〈부부〉를 당시로서는 큰 돈인 20만 원에 구입해 국립현대미술관에 기증했습니다.

우리나라 화랑은 어떻게 변화해 왔습니까.

__1970년대에 비로소 그림을 사고파는 공간으로서 화랑의 개념이 도입됐습니다. 1980년대 주거 형태가 아파트 위주로 바뀌면서 동양화 위주의 구매 패턴이 아파트 실내 장식에 걸맞은 서양화 중심으로 변했고 추상 작품에 대한 관심도 늘어났습니다.

1980년대 말은 그림 경기가 지나치게 과열된 측면이 있었고 1990년대 말 IMF 사태로 화랑들이 어려움을 겪었습니다. 최근에는 주부들의 문화적 욕구가 늘어나면서 컬렉션

경향이 대가 위주에서 다양한 작가군(群)으로 옮겨지고 있습니다.

화가의 사회적 지위에 대해서는 어떻게 생각하시나요.

__해마다 국내에서 10만 명의 미대 졸업생이 배출된다는데 그림만으로 생계를 유지하는 분이 얼마나 되겠어요. 외국의 대가 중에는 교수 직함을 가진 이가 드문데 우리나라는 단순히 화가라고 하면 이웃에서조차 인정을 안 해줍니다. 화가 명함만으로 인정을 받을 수 있어야 합니다.

화랑 주인의 조건은 무엇입니까.

__첫째 안목, 둘째 그림을 사랑하되 소유하려 들지 말 것, 셋째 이익이 적더라도 반드시 그 작품에 애정을 가진 이에게 그림을 넘겨줄 것 등입니다. 저는 손님들의 그림 감상에 방해가 되지 않도록 화랑을 하면서 한 번도 붉은색 계통의 옷을 입지 않았습니다. 직원들에게도 튀는 옷이나 장식을 하지 못하게 합니다. 앞으로는 젊은 작가 발굴에 더 관심을 기울일 생각입니다. 갤러리현대가 2대(代), 3대로 이어지면서 화랑의 문화적 소명을 다하는 공간이 되도록 할 겁니다.

박명자 대표가 만난 유명화가들

박명자 대표는 3시간여의 인터뷰 도중 내로라하는 화가들의 그림 밖 인생과 일화를 '양념'처럼 털어놓았다. 인터뷰 기사의 디저트 삼아 짧게 소개한다.

이중섭 생시에 한 번도 뵙지 못한 분이다. 1972년 친구분들의 요청으로 첫 유작전을 열 때 작품을 모을 수가 없어 언론의 협조를 얻어 전국에서 100여 점을 모았다. 이 중 70여 점의 주요 작품을 가려내 전시회를 열었다.

박수근 제일 좋아하는 화가다. 당뇨로 고생하셨던 말년에 거의 매일 반도화랑으로 출근하셔서 의아했는데 나중에 사모님이 쓴 글을 보니 호텔에 있는 양변기를 이용하기 위해 그러셨다더라. 더 잘해드릴걸…….

김환기 그림과 인품이 모두 훌륭한 분이셨다. 사모님인 김향안 여사의 남편에 대한 추모의 정이 각별하다.

오지호 그림을 갖고 싶어 하는 사람들을 위해 자기 그림값을 낮춰달라고 말씀하신 유일한 분이다. 전시회 수익금 전부를 털어 한문책을 발간하셨다.

장욱진 천진한 어린아이와 같았던 분이다. 작품과 인생이 모두 즐겁고 심플했다. 오래도록 사랑을 받을 그림이다.

도상봉 작품에 대한 자부심이 대단했고 전시장에서 자기 작품을 오래 들여다보는 사람을 가장 좋아하셨다. 언젠가 부축해서 택시를 태워 드리려는데 운전기사들이 모두 지나치자 "도상봉을 몰라본다"며 호통을 치셨다.

김원 이북에서 함께 피난 와 부동산 재벌이 된 친구가 "그림 한 점 달라"고 하자 "그럴 테니 너는 빌딩 한 채를 내게 다오" 했다는 일화가 있다.

백남준 한국인으로는 유일하게 '비디오 아트'라는 한 예술 장르를 창시했다. 작품을 팔아 번 돈을 다음 작품 제작에 모두 쏟아 넣는 분이다. 1988년 이전까지만 해도 소니 TV로 작품을 제작하셨는데 내가 이건희 삼성 회장 내외분과의 만남을 주선한 것을 계기로 삼성 TV로 작품을 제작하셨다.

경제 전반에 걸쳐 해박한 지식을 갖고 있다. 예술하는 사람이 돈에 관심을 갖는 것에 대해 좋지 않게 얘기하는 분들도 있지만 그분에겐 심각한 문제다. 우리 정부가 하루빨리 기념관을 만들어드리고 돈 걱정 없이 작품을 제작하실 수 있도록 독지가들이 나섰으면 좋겠다.

덧붙여 그는 "훌륭한 화가의 뒤에는 반드시 훌륭한 부인이 있었다. 평범한 부인들에 비해 몇십 배, 몇백 배 더 고통을 겪은 화가 부인의 기막힌 내조에 관한 얘기를 기록으로 남기고 싶다"고 말했다. (2000. 4. 2.)

화가 박수근과 박명자 대표

생전에 변변한 개인전 한번 갖지 못했던 화가 박수근(1914~1965). 박 화백이 오늘날 '국민화가'로 자리매김하고, 국내 화가 중 그림 가격이 가장 비싼 이유는 무엇일까. 화가 박수근에 대한 보통 사람들의 '속물적 궁금증'을 풀기 위해 갤러리현대 박명자 대표를 만났다.

화상(畵商) 경력 50년인 그는 다섯 차례에 걸친 박수근 전시회를 통해 가난한 무명화가를 '국민 화가'로 부각시킨 인물이다. 때마침 서울 종로구 사간동 갤러리현대에서는 '국민화가 박수근 45주기 기념전'이 열리고 있다.

박수근 화백과의 인연은 언제 시작되었나.

__1961년 현재의 롯데백화점 자리에 있었던 우리나라 최초의 상업화랑인 반도화랑에 취직이 돼 박 화백을 처음으로 만났다. 1965년 5월 작고하실 때까지 5년간 박 화백의 그림

을 팔았다. 작고 이후 이제까지 다섯 차례 전시회를 열어드렸는데 아마 이번이 제가 해드리는 마지막 전시가 될지도 모르겠다.

정규 미술 교육도 받지 못한 데다 입상 경력도 변변치 않았던 화가에 대해 어떻게 관심을 갖게 됐나.

__전시장에 들어오는 외국인들마다 다른 화가들의 그림은 제쳐놓고 유독 박 화백의 그림에만 관심을 표시하거나 사가는 것이 신기해 주목을 하게 됐다. 한 달에 2, 3점씩 그의 그림을 팔았다.

외국인들이 왜 무명화가인 박수근의 그림을 주목했다고 생각하나.

__화강암처럼 질박한 독특한 마티에르 기법으로 시장의 아낙네들, 어린아이, 시골 노인 등 한국적 정서와 인간상을 화폭에 담아냈기 때문인 것 같다. 그림을 사가는 외국인들이 '이 그림은 다른 나라에서 볼 수 있는 그림이 아니다. 너무 독특하다. 이거 한 점이면 한국을 기념하고 추억할 수 있겠다'는 얘기들을 많이 했다.

당시 박 화백의 그림은 얼마씩에 거래됐나.

__1962년 정부가 화폐 가치를 10분의 1로 절하하고 단위

를 '환'에서 '원'으로 바꿨을 당시 가격으로 호당 1000원 정도씩에 팔렸다. 2호는 2000원, 3호는 3000원이었다. 그런 작품들이 현재 몇만 배씩 오른 가격으로 가끔 경매에 나온다. 당시 내 월급이 2000원 정도여서 박 화백의 그림을 사두지 못한 것이 아쉽다(웃음).

박 화백의 그림값이 비싼 것은 '희소성'에도 이유가 있다고 들었다.

__1960년대부터 현재까지 각종 전시나 자료를 통해 유화 300여 점이 발견됐고, 이 중 200여 점이 유통된 것으로 추산된다. 작품의 대부분이 해외로 나갔으나 1980년대 이후 국내에서 박 화백의 그림 가격이 크게 뛰면서 경매 등을 통해 대부분 국내로 들어오고 있다.

박 화백의 그림을 몇 점이나 갖고 있나.

__믿기지 않을지 모르겠지만 단 한 점도 갖고 있지 않다. 박 화백은 평소 "'미스 박' 시집갈 때 내가 그림 한 점 선물하겠다"고 하셨다. 하지만 내가 결혼하기 1년 전 박 화백이 돌아가셨다.

그런데 결혼식 때 사모님이 굴비 2마리가 그려진 3호짜리 소품을 들고 오셨다. 감사하면서도 내심 '기왕이면 인물화를 한 점 주시지' 하고 생각하면서 장롱에 넣어놓았다가

1970년 2만 5000원에 팔아버렸다. 그런데 박 화백의 그림 가격이 해마다 몇십 배, 몇백 배씩 뛰더라.

하지만 박 회장과 '굴비'의 인연은 여기서 끝나지 않았다. 2002년 자신이 판 가격의 1만 배인 2억 5000만 원에 그림을 되사서 보관해오다 2004년 박 화백의 고향인 강원 양구에 건립된 '박수근 미술관'에 기증했다. 당시 '박수근 미술관'에 유화는 한 점도 없고, 박 화백의 유족이 가지고 있던 수채화 연필 데생, 유품인 안경 등 70여 점만 전시돼 있었다.

유가족들이 갖고 있는 그림도 없나.

__딸 인숙, 아들 성남 씨가 화가로 아버지의 뒤를 잇고 있지만 안타깝게도 유작 한 점 갖고 있지 않다. 성남 씨는 생활고로 호주로 건너가 20여 년간 막노동을 하며 그림을 그렸을 정도다.

그림이 팔리는 화가였는데도 가난에서 벗어나지 못한 이유는.

__그림을 그리는 데 모든 것을 다 쏟아부었기 때문이다. 수많은 덧칠 끝에 완성되는 그의 독특한 마티에르 화풍으로 말미암아 그림을 많이 그리지도 못했다. 게다가 박 화백은

직장 없이 그림만 그린 전업 작가였기 때문에 생활이 어려울 수밖에 없었다. 박 화백은 말년에 '세월은 빨리 가는데 내 그림은 너무 더디다'고 자탄하곤 했다.

뛰어난 화가 중에 괴팍한 사람이 많은데 박 화백의 인품은 어땠나.

__ '나는 인간의 선함과 진실함을 그려야 한다는, 예술에 대한 대단히 평범한 견해를 가지고 있다'고 한 자신의 말처럼 착하고 진실한 분이었다. 법 없이도 살 만한 사람이라는 말에 딱 어울리는 분이지 싶다. 어쩌다 그림이 팔려 돈이 생기면 집에 들고 갈 과일을 사면서도 여러 사람한테 주려고 나눠 살 정도로 다정다감한 분이었다.

그는 특히 화가의 고독했던 말년을 회고하며 마음 아파했다. 당시만 해도 너무 어려웠던 시절이라 반도화랑을 운영했던 이대원 화백은 "커피와 카스텔라는 청전 이상범, 구룡산인 김용진 화백 등 두 사람에게만 대접하라"는 엄명을 내렸다.

그래서 박 화백에게는 커피 한 잔도 대접하지 못했다고 한다. 말년에 간경화로 고생하던 박 화백이 반도호텔의 양식 변기를 이용하려고 매일 화랑에 나오곤 했던 것도 가슴 아픈 추억이다.

그는 1970년 4월 서울 인사동 사거리에 갤러리현대의 전신인 현대화랑을 개관했고, 그해 9월 첫 기획 전시회로 '박수근 유작 소품전'을 열었다. 수채화 및 연필 데생 100여 점과 유화 10점이 출품된 전시였다. 이후 박 화백의 작품 세계와 예술혼은 해가 갈수록 높은 평가를 받게 된다.

1980년 정부는 박 화백에게 은관문화훈장을 추서했고, 그림값은 천정부지로 치솟기 시작했다. 국내 굴지의 화상으로 성장한 그는 1985년 20주기 기념전, 1995년 30주기 기념전을 개최해 '박수근 신드롬'을 불러일으켰다. 이때야 비로소 제대로 된 박수근 도록이 만들어졌다. 그는 박수근의 사후(死後) 판화를 만들어 대중화에도 나섰다.

이번 45주기 전시에는 〈절구질 하는 여인〉, 〈유동〉, 〈골목 안〉, 〈나무와 여인〉, 〈할아버지와 손자〉 등 박 화백의 주요 작품 45점이 전시됐다. 그림을 모으느라 힘이 많이 들었을 것 같다.

__소중히 간직해온 작품을 기꺼이 빌려준 소장가 여러분께 진심으로 감사드린다. 특히 1960년 작 〈목련〉과 1964년 작 〈아기 업은 소녀〉 등 몇 점은 처음으로 공개되는 그림이다.

전시실 한구석에는 박 화백이 자신의 후원자였던 미국인 미술애호가 마거릿 밀러 부인에게 보낸 친필 편지 사본도 전시돼 있다. 한 편지에서 박 화백은 자신이 직접 매긴 그림값을 밝히고 있다. 〈나무와 행인〉 50달러, 〈풍경〉 60달러, 〈나무 밑〉 60달러, 〈노상〉 60달러, 〈귀로〉 100달러 등이다. 당시 50달러는 쌀 서너 가마를 살 수 있는 가격이었다고 한다.

그는 특히 이번 전시를 통해 박 화백의 주요작 99점이 실린 영문 도록(마로니에북스)이 출간된 사실에 큰 의미를 부여했다. 자신의 뒤를 이어 갤러리현대를 경영하고 있는 아들 도형태 대표가 해외 미술계 인사들로부터 "너희 나라의 최고 화가는 누구냐. 그 화가에 대한 자료를 볼 수 없느냐"고 할 때마다 곤혹스러워했는데 이제 체면을 살릴 수 있게 됐다는 것이다.

__이런 일이야말로 개인 화랑이 아니라 국가 차원에서 해야 하는 일이 아닌가 생각한다. 박 화백의 진가도 결국 안목 있는 외국인들에 의해 발견된 것이 아닌가. 작고 50주기 때에는 외국의 유명 미술관에서 큰 규모의 전시를 열어 박 화백이 세계적인 작가의 반열에 오르도록 해야 한다. (2010. 5. 26.)

* 박명자 대표가 한국 현대 유명 미술가들의 숨겨진 이야기를 솔직하게 쓴다면 정말 귀한 자료가 될 것 같다.

만화가 허영만과 관상가 신기원

설 연휴 내린 눈이 아직 쌓여 있는 서울 강남구 자곡동 허영만 화백의 화실은 허 화백이 25년간 살아온 자택을 화실로 꾸민 곳. 허 화백은 3년 전 판교 빌라로 이사했다. 기자를 반갑게 맞아준 허 화백은 우리 나이로 63세라는 것이 믿어지지 않을 정도로 건강하고 활기찬 모습이다. 복고풍 턴테이블에 걸린 LP판에서 울려 나오는 느릿한 클래식 음악을 음미하며 허 화백을 탐색하기 시작했다.

신문에 「식객」에 이어 「꼴」을 연재 중인 허 화백의 방에 들어서니 특이하게도 양쪽으로 책상이 놓여 있다. 하나는 한국 만화 사상 최초로 일간지에 6년 3개월이나 연재한 「식객」을 그리던 책상이고, 다른 하나는 현재 그리고 있는 「꼴」을 그리는 책상이다. 자료가 하도 많아 뒤섞일까 봐 책상을 나눠놓은 것이다.

굴러온 돌이 박힌 돌을 밀어낸다고 「꼴」이 인기가 좋아져 「식객」의 연재가 중단된 감도 있습니다만.

__그러게 말입니다. 사실 한 신문에 같은 작가가 두 작품을 연재하는 것은 다소 무리가 있습니다. 「식객」은 다른 지면을 통해 연재를 추진하고 있습니다. 당초 10년에 걸쳐 50권 분량의 책으로 엮어낼 때까지 하려고 했으니 절반 정도밖에 못 온 셈입니다. 하지만 장편 만화의 일간지 연재라는 새 장을 열었고, 우리 음식을 심도 있게 그려 관심을 고조시켰으니 소기의 성과는 달성한 셈입니다.

작가가 느끼는 「꼴」에 대한 반응은 어떻습니까.

__관상이란 소재가 솔직히 종합 일간지에서 터부시하는 것이어서 걱정이 많았습니다. '오늘의 운세'니 '띠별 운수', '별자리 운세' 같은 것이 있긴 하지만 극단적으로 싫어하는 사람과 아주 좋아하는 사람으로 나뉘거든요. 다행히 계층을 망라해 관심을 보여주시는 것 같아 다행스럽습니다. 그래도 조심스러워요. 특정 인물을 거론하게 될 때는 더욱 신경이 쓰이고…….

관상 교재 원서가 전부 한문이라 사람들이 관심이 있어도 접근하기 어려웠는데 그림으로 풀어 설명하니까 이해가 되시는 것 같아요.

저도 열심히 보는데 가끔 '귀에 걸면 귀걸이, 코에 걸면 코걸이' 같은 대목도 있는 것 같던데요.

__솔직히 그런 측면이 좀 있죠(미소).

「꼴」 연재를 위해 2년 넘게 관상학의 대가인 신기원 선생에게 관상학을 배우셨고, 신 선생이 만화도 감수해주시는데, 관상학 공부로 사람을 대할 때 선입견을 갖게 되는 경우는 없습니까.

__관상이라는 게 100퍼센트 맞는다고 할 수는 없지만 고수들은 80퍼센트 정도 맞히는 것 같아요. 특정 신체 부위로만 판단할 것이 아니라 전체적 맥락에서 파악하는 게 중요한 것 같습니다.

신기원 선생은 한마디로 어떤 분입니까.

__그쪽 공부를 하시는 분들은 모두 자기가 최고라면서 남을 잘 인정하지 않습니다. 하지만 다른 데서 들으니까 그 방면에서는 신 선생을 최고의 실력자로 인정해줍니다.

허 선생님 관상은 어떻다고 하시던가요.

__아군(我軍)이라 그런지 나쁜 얘기는 안 하시데요(웃음). 눈쪽 뼈 위를 가리키는 미(眉)등골이 발달해 여행을 좋아한다고는 하시더군요. 나쁜 것은 눈에 정기(精氣)가 부족하다고

하는 정도죠. 그래서 이를 보완하기 위해 월정(月精)이라는 호를 지어주셨습니다.

언제까지 만화로 먹고살 운세라고 하시던가요.

__그리기 싫을 때까지 그린다고 하시데요.

그동안 히트작이 수십 편이고 「비트」, 「타짜」, 「식객」 등 영화로 만들어져 큰 히트를 친 작품도 많은데 갈수록 힘을 내는 비결은 뭔가요.

__요즘도 메모하고 스크랩을 합니다. 자료가 내겐 총알이나 다름없어요. 화실에 사진, 스크랩 등 자료가 수십 만 점이 넘습니다. 그리고 건강관리를 철저히 하죠.

그는 자식 농사도 잘 지었다. 아들은 연세대 전자공학과를 졸업해 IBM에 재직 중이고, 딸은 서울대 미대 서양화과와 같은 대학 대학원을 졸업했다. 딸은 지난해 아들을 낳아 허 화백에게 기쁨을 선사했다. 요즘 손주 재롱에 시간 가는 줄 모른다고 한다.

하루 일과를 소개해주시죠.

__아침 5시경 기상해 6시 전후해 화실에 도착합니다. 1시간 반가량 조간신문 3개를 정독한 후 누룽지를 끓여 아침을

먹습니다. 작업을 하다 낮 12시 전에 뒷산(대모산)을 1시간여 동안 오른 뒤 오후 1시경 점심을 먹고 30분가량 낮잠을 잡니다. 40년 넘은 습관인데 몸에는 천하에 없는 보약입니다. 계속 일하다 신문사에 파일로 원고를 보내고, 오후 6시 전후에 퇴근해 사람들을 만납니다. 밤 10시경 귀가해 자정이나 새벽 1시경 취침합니다. 매주 수요일 저녁은 상계동 신기원 선생 댁에 가서 3시간가량 관상 공부를 하고 옵니다. 주말에는 철저히 쉽니다.

일찍 자고 일찍 주무시고, 출퇴근까지 하신다니 만화 그리는 분 같지 않습니다.

__아마 만화가 중에서 나 같은 '새벽형'은 없을 겁니다.

그렇지만, 이번 달 그의 스케줄 달력은 빨간색 스티커로 가득하다. 술 먹은 날을 기록한 것인데 15개나 된다. 이틀에 한 번꼴로 음주를 한 셈이다. 주량도 만만치 않다. 책상 위에 '모든 약속 금지. 피치 못할 약속은 대리운전 안 쓸 정도'라고 쓴 이유다.

심신(心身) 관리는 어떻게 하십니까.

__틈틈이 산에 오르고, 주말에도 산에 갑니다. 1996년경부

터 야영을 다니기 시작했고, 2001년 박영석이를 만나 높은 산에도 오르기 시작해 지금까지 5000m 이상 고봉을 일곱 번이나 올랐습니다. 최고로 높이 올라간 기록은 에베레스트 산 6400m 지점입니다. 매월 2박 3일씩 2년에 걸쳐 백두대간도 종주했습니다. 야구, 바다낚시, 골프, 자전거에 미쳐 돌아다닌 적도 있습니다. 골프는 80대 후반 정도는 됩니다. 요즘은 클래식 음악을 열심히 듣고 있습니다. LP판이 3000장쯤 됩니다.

화실은 어떻게 운영됩니까.

__저와 문하생 5명, 비서 역할을 하는 여직원 1명 등 모두 7명입니다. 제가 스토리와 글, 연필 데생을 하고 문하생 5명 중 1명이 인물 잉크 작업, 나머지 3명이 배경 작업을 합니다. 1명은 취재를 전담합니다. 10번 중 7번가량은 제가 좇아갑니다. 아무래도 현장 감각이 중요하거든요.

이 밖에 그와 오래 동고동락해온 래브라도 리트리버종 수컷 '처칠'이 있고, 나이 들어 밤만 되면 고독을 주체하지 못하고 울어대는 처칠을 위로하기 위해 데려온 코코 스패니얼 잡종견이 한 마리 더 있다.

매주 수요일 오후 7시, 서울 강북의 주공 아파트에는 번

듯한 남녀들이 스멀스멀 찾아든다. 2년 3개월여째다. 허영만 화백과 용인대 이동철 교수(중국학), 『꼴』을 단행본으로 내는 위즈덤하우스 편집장 고정란 씨, 그리고 문화평론가 강영희 씨 등 네 명이 고정 멤버다. 만화 「꼴」에 등장하는 신 선생의 모습과 실물이 놀랍게 일치한다. 콧등에 걸린 안경과 날카로운 안광(眼光), 그리고 뾰족한 턱선 등. 허 화백이 제대로 공부하는지 감시하기 위해 '특파'된 고 씨는 "저는 실물보다 만화가 낫다"고 고백한다.

제자들은 『마의상법(麻衣相法)』을 주교재로 3시간 동안 신 선생의 강의를 듣는다. 길이 잘 뚫려 허 화백과 30분가량 일찍 도착했더니 신 선생은 아직 '영업 중'이었다. 여성 손님 둘이 나간 뒤 막간을 이용해 질문을 쏟아냈다.

「꼴」에 대한 독자들의 반응이 뜨겁습니다. 소감과 보람은.

__상법(相法)은 예로부터 값으로 따질 수 없는 보물, 즉 무가지보(無價之寶)라고 불렸습니다. 한마디로 선인과 악인을 구분하는 방법을 배우는 학문입니다. 그래서 저는 오래전부터 상법은 누구나 공부해야 한다고 주장해왔습니다. 고교 정규과정에 상법 과목이 있으면 얼마나 좋겠습니까. 그래야만 사회에 나와서 제대로 된 처세와 일을 할 수 있는 겁니

다. 연재 1년 만에 이처럼 대중적 인기를 얻고 관상에 대한 이해를 높이게 돼 얼마나 좋은지 모르겠습니다. 보람을 느낍니다.

'관상학의 대가'인 신 선생은 1939년생으로 초등학교 3, 4학년 때부터 부친으로부터 성명학을 배웠다고 한다. 부친이 한의사여서 관형찰색(觀形察色)에 일가견이 있었다고 하니 집안 내력인 셈이다. 처음에는 취미로 시작했으나 한 가지 일에 몰두하는 성격이라 관련 서적이란 서적을 모두 독파해 곧 명성을 얻게 된다. 1994년 정월 일찌감치 김일성의 사망을 예견한 바 있다. 김일성은 1994년 7월 8일 사망했다.

'만화가 허영만'이 아닌 '학생 허영만'은 우수한 편인가요.

__ 허허허. 뛰어나죠. 상법이란 게 원래 오래 익혀야 하는 건데 단시일 내에 깨우쳐가고 있어요. 특히 복잡한 관상 체계를 족집게처럼 잘 묘사해 금상첨화입니다. 또 필치가 대중에게 쉽게 어필합니다.

관상으로 본 '만화가 허영만'의 미래는 어떻습니까.

__ 2008년 겨울부터 시작해 앞으로 5년간 기가 막힌 대운(大運)이 듭니다. 5년간 크게 득세하게 될 겁니다.

허 화백은 멋쩍어하면서도 싫지 않은 표정이다. 사실 이런 '긍정적 립 서비스' 때문에 사람들이 관상가와 명리학자들을 찾아다니는 것이다.

요즘 남녀노소 불문하고 성형을 하는데 성형으로 운명을 바꿀 수도 있습니까.

__아주 바뀐다고 할 수는 없지만, 흠결이 있는 경우에 성형으로 좋은 방면으로 바꿀 수는 있지요.

경제가 몹시 어렵고 나라도 혼란합니다. '나라의 상(國相)'이라고 할 수 있는 이명박 대통령의 상은 어떻습니까.

__직설적으로 얘기하기 어렵습니다. 이런 얘기까지 해야 하나요…….

그가 곤혹스러워하며 답변을 망설이자 제자들이 "선생님 불편하시면 말씀하지 마세요"라고 거든다.

그럼 오바마 대통령의 상은 어떻습니까. 미국 대통령 선거 직전에는 매케인의 기세가 더 세다고 하셨는데.

__처음엔 잘 몰랐는데 자세히 뜯어보니까 뭔가 다른 것 같아요. 특히 당선 직후 연설하는 모습을 보고 아주 감탄했습

니다. 한마디로 비상한 인재입니다. 어려운 시기에 그런 대통령이 탄생한 것은 미국으로서도 큰 다행입니다.

그렇다면 김정일의 상에 대해 묻지 않을 수 없습니다. 후계 구도도.

__그 질문에는 답하기 곤란합니다. 다만 분명한 것은 김정일 후대(後代)에는 기대를 안 하는 편입니다. 아들 3형제를 다 합쳐도 아버지 한 사람을 못 따라갑니다. 어떤 면에서 김정일은 지모(智謀)가 아버지 김일성을 능가합니다. 김일성이 지금까지 통치를 했더라면 과연 북한 정권을 이만큼이나마 유지했을지 의문입니다.

2009년 대한민국의 국운은.

__어렵지요. 금년이 특히 어렵고, 앞으로 4년간 더 위기가 지속되리라고 봅니다.

링컨이 그랬던가요. 사람은 40세가 넘으면 자기 얼굴에 책임을 져야 한다고.

__예, 그렇습니다. 누구나 자기가 최대한으로 노력한 결과가 얼굴에 나타납니다. 그러므로 지혜롭게 자기 인생을 잘 가꿔나가야만 얼굴에 기운이 형성되고, 좋은 '꼴'을 만들어 나갈 수 있습니다.

이날 강의는 '피부와 털을 보면 지혜를 안다'는 내용. 피부가 거칠고 탁하면 천(賤)하고, 이마가 푹 꺼진 것도 천상(賤相)이라는 것이다. 또 손가락 마디가 섬세하면 귀(貴)하고, 울퉁불퉁하면 천하다고 했다. 이 대목에서 허 화백이 토를 단다. "장동건이 손이 울퉁불퉁하던데요?"

선생은 "누구? 간혹 그런 사람도 있지"라며 예봉을 피해 나간다. 신 선생은 이어 "종아리가 통통하면 귀하고, 종아리가 말라붙으면 박복하다"고 가르친다. 대통령 부인 김윤옥 여사가 전자에 속한다고 했다. 그나마 다행이라고 나는 생각했다.

허영만 어록

"나보다 못한 사람은 없다."
교만해질 때마다 쳐다보는 책상 위 글귀.

"固定觀念脫出(고정관념탈출)"
「꼴」 책상에 붙어 있다.

"날고 기는 놈도 계속하는 놈한테는 당해낼 재간이 없다."
제자들을 위해 써놓은 글 같다.

"8월 전기료가 42만 2000원이다. 줄여야 산다, 제습기는 퇴근 시에만 가동시킨다."
연재가 하나로 줄었기 때문인 것 같아 뜨끔했다.

"落人(낙인)"
인간 같지 않은 짓을 했을 때 자책하는 글귀란다.
(2009. 2. 6.)

* 신기원 선생에게 "제 관상을 한번 봐주십시오"라고 하지 못한 게 후회된다. 허영만 선생은 여전히 잘나가고 있다.

이문열 작가 부인
박필순 씨

한 달여 전. 주말을 이용해 작가 이문열 씨가 자택 겸 사숙(私塾)으로 쓰고 있는 경기 이천 '부악문원(負岳文院)'을 찾아갔다. 작가가 '곡학아세(曲學阿世)'와 '홍위병' 논쟁에 휩싸여 고군분투하고 있던 무렵이었다.

작가의 고향(경북 영양) 후배인 출판사 사장과 함께 서울에서 밤 9시가 지나서야 출발한 탓에 이천 작가의 집에 도착한 것은 밤 11시가 넘어서였다. 작가의 표정은 예상과는 달리 편안해 보였다.

자정 무렵부터 시작된 술자리는 다음 날 새벽 3시가 돼서야 끝났다. 그의 아내 박필순(朴畢順) 씨가 쉴 새 없이 주방을 들락거리며 술과 안주를 내왔다. 작가의 서실에서 잠시 눈을 붙인 뒤 오전 9시경 일어나 슬그머니 집을 빠져 나와 고속도로로 들어설 즈음 출판사 사장의 휴대폰이 울렸다.

작가의 부인이었다.

“아침상 차려놓고 이제나 저제나 기다리다 오전 9시가 넘어 할 수 없이 방문을 열어보니 방이 텅 비어 있어 깜짝 놀랐다. 찾아준 손님들에게 아침 대접도 못 하고 보내서 어떻게 하느냐”는 목소리가 흘러 나왔다. 서울로 돌아오는 차 속에서 “이문열이 이 혼란스러운 상황에서 저토록 버틸 수 있는 힘이 아내의 내조로부터 나오지 않았을까” 하는 생각이 머리를 떠나지 않았다.

그런 일이 있고 얼마 뒤. 다시 작가의 집을 찾았다. 전날 전화 통화에서 “아주머니를 만나 두 분이 살아온 얘기나 좀 들었으면 좋겠다”고 운을 뗐더니 작가는 대뜸 “아마 안 될 겁니다”라고 ‘단언’했다. 전화에 앞서 며칠 동안 작가와 관련된 각종 자료와 스크랩을 모두 뒤졌지만 부인에 관한 얘기는 찾아보기 힘들었다.

1992년 한 신문에 기고한 「나의 삶, 나의 생각」이란 글에서 자신을 “아직까지는 내가 베푼 것보다 받은 것이 많은 아내의 남편”이라고 기술한 내용과, 한 여성지에 “아내의 ‘전폭적인 서비스’에 익숙해 있다”고 말한 대목 정도가 고작이었다.

아내의 사진이 게재된 곳도 전혀 없었다. 하는 수 없이 문단과 출판계의 지인, 그의 친인척과 고향 선후배들에게 연락을 취해 밤을 새워 가며 '이문열의 아내 박필순'에 관한 얘기들을 동냥하듯 주워 모은 뒤 무작정 부닥쳐 보기로 하고 다시 길을 떠났다.

솜씨, 맵시, 맘씨가 두루 뛰어난 박필순은 헌신적이고 사려 깊은 내조로 오늘의 이문열이 있게 했다. 작가 이문열의 문학적 성취는 따라서 일정 부분 아내의 몫이라는 것이 문단 안팎과 지인들의 일치된 얘기다.

작가와 부인은 기자의 불시방문 의도를 '원천 봉쇄'하기로 '사전 합의'한 듯, 인터뷰 관련 얘기는 꺼내지도 못하게 했다. "이 댁에서 자고 먹은 사람들이 하도 많아 이미 취재는 다 마쳤고, 다만 알리바이를 만들기 위해서 왔을 뿐"이라고 배수진을 쳤으나 여전히 완강했다.

수첩을 꺼내 뭔가를 적으려고 하면 말문을 닫고, 수첩을 접으면 이런저런 얘기를 건네는 사이 1시간여가 흘렀다. 문단에 나오기 전 언론인으로 일했던 작가가 기자의 이런 고습이 안쓰러웠는지 "여보, 당신이 해결하구려" 하면서 슬그머니 자리를 피해줬다.

이 인터뷰 기사는 그래서 작가 부부 간의 대화, 기자의 틈새 질문, 그리고 이들 부부를 잘 아는 이들의 '체험담' 등을 엮어가는 식으로 이뤄질 수밖에 없었다.

박필순. 밀양 박씨로 17세 때 천주교 영세를 받았다. 남편과 동향으로 한 살 아래다. 대학 중퇴 후 세 차례나 고시에 낙방한 채 실의에 빠져 있던 문학청년 이문열과 1973년 3월 11일 결혼해 슬하에 재웅, 재유, 기혜 등 2남 1녀를 두었다.

박 씨는 10년 전쯤 세상을 떠난 이문열의 바로 아래 여동생과 친구 사이. 셋째 며느리지만 결혼 이후 1995년까지 만 22년간 시어머니를 지극정성으로 봉양했다. 술과 친구를 좋아하는 남편 때문에 사시사철 집에는 작가, 출판인, 기자들이 찾아오고 일가 친척이 수도 없이 집 안을 들락거렸지만 싫은 내색을 하는 것은 한 번도 본 적이 없다고 작가의 지인들은 입을 모은다.

자수와 음식 솜씨가 빼어나고 서예도 수준급이다. 부부가 함께 찍은 사진을 보면 "사진 제목은 '미녀와 야수'라고 하면 좋겠다"는 농이 어울릴 정도로 고운 얼굴에 늘 웃는 낯이다. 작가 이문열의 '문학적 뿌리'가 그의 고향과 월북한 부친이었다면 아내 박필순은 남편 이문열의 '정신적 안식처'일까? 기자는 작가의 아내에게서 실존인물로 작가 문중의 정신적 지주였던 소설 『선택』의 주인공 '정부인(貞夫人) 장씨(張氏)'의 모습을 읽어낼 수 있었다.

도대체 무슨 '배짱'으로 그런 '별 볼 일 없는' 남자와 결혼을 하셨습니까.

__글쎄요. 그냥 좋았으니까 그랬겠지요. 그래도 신혼 초기에는 요즘의 '이문열 씨'보다 제가 더 자신 있고 당당했던 것 같아요.

남편이 지금처럼 '큰 작가'가 되리라고 생각하셨나요.

__그냥, 잘될 거라는 생각은 갖고 있었어요. 당장은 불우해도 그저 기다리면 좋은 결과가 올 거라는 믿음을 갖고 있었던 것 같아요.

작가 이문열은 '시대와의 불화'에 못지않게 '페미니스트와의 불화'도 겪었고, 요즘은 마치 '우파의 거두'처럼 인식되고 있는데 아내의 입장에서는 남편을 어떻게 보십니까.

__자기 소신대로 열심히 사는 사람이라고 생각해요. '유교적'이긴 하지만 '가부장적'이라거나 '반페미니스트적'인 사람은 분명 아니에요.

남편이 가정적이라고 생각하시나요.

__저는 남녀는 각기 자기 할 역할이 있고 효용도 다르다고 생각해요. 남자가 자기 일을 열심히 해 가족을 봉양하고 아

내와 자식들에게 걱정을 끼치지 않는 것이 가정적인 것이라고 생각해왔습니다.

남편이 쓴 글에 대해 항의를 해오거나 입에 담지 못할 소리를 하는 분들의 전화를 받게 되실 때도 있을 텐데요.

__전화하신 분들이 전화를 걸기 전보다 더 노여워하시지 않도록 노력합니다.

남편에 대한 내조가 각별하신 것으로 문단 안팎에 소문이 자자하던데요.

__내조랄 게 뭐 있나요. 남편이 가정 일 걱정 않고 자기 일에 몰두할 수 있도록 저 나름대로 노력한 정도지요.

남편이 다반사로 술, 담배 재떨이 심부름을 시킨다면서요.

__그게 무슨 큰 흉인가요. 남편이 글을 쓰느라 서재에서 사나흘씩 밤을 꼬박 새우다가 초췌한 얼굴로 신문을 보거나 식사를 하려고 잠시 얼굴을 비칠 때는 그런 심부름보다 더한 심부름이라도 해주고 싶어요.

홀로 된 시어머니를 20여 년간 봉양하기가 쉽지 않았을 텐데요.

__어머니를 모시면서 제가 얻은 게 더 많아요. 어머니를 모

시지 않았더라면 제가 지금보다 여러모로 부족한 점이 훨씬 더 많았을 거예요. 어머니가 계실 때는 그 어른이 집안의 중심이라고 생각했고, 작고하신 뒤에는 남편이 중심이라고 생각하며 살지요.

시도 때도 없이 남편의 친구나 후배들이 찾아오고, 친지들이 며칠씩 묵어갈 때는 솔직히 좀 짜증스럽지 않던가요.

__ 결혼 초기에는 남편이 원하는 대로 따랐어요. 음식 열 가지를 장만하라고 하면 다 해야 하는 줄 알았습니다. 요즘은 열 가지를 시켜도 서너 가지만 해요. 술자리는 세상 돌아가는 것도 알게 되고 얻는 것도 많아 귀찮다고 생각해본 적이 없어요. 예전에는 술자리 논쟁도 끝날 무렵이면 이야기가 하나로 모아지고 정이 느껴졌는데 요즘은 한 사람 목소리만 들리고 서먹서먹하게 끝나는 일이 잦아 아쉽기는 해요.

남편의 작품 중 가장 좋아하는 작품은?

__ (몇 번이고 사양하다) 「시인」이에요. 그 작품이 기대만큼 읽히지 않은 것이 아쉬워요.

결혼 이후 가장 감격스러웠을 때는?(이 질문을 하면서 기자는 '남편이 신춘문예로 등단하게 됐을 때' 같은 대답을 내심 예상했다)

__ 막내딸을 얻었을 때였던 것 같아요.

오후 2시경 부인이 정성껏 내온 콩국수를 먹고 다시 한 시간을 더 괴롭힌 끝에 오후 3시 가까스로 인터뷰를 마쳤다. 부인이 식사 준비를 하느라 주방을 들락거리는 사이 동행한 사진기자는 응접실에 걸린 가족사진부터 도둑질하듯 찍었다. 부인이 사진 취재에 응해줄 것 같지 않았기 때문이다. 하지만 작가의 응원에 힘입어 집을 나서기 직전 부인이 자수를 하는 모습을 몇 컷 카메라에 담을 수 있었다.

집 앞까지 전송 나온 작가는 기자에게 "예전에는 아내의 내조가 당연하다고 생각했는데 나이 50이 넘어서부터는 '내가 아주 특별한 행운'을 누리고 있다는 생각을 갖게 됐다"고 지나가듯 말했다. 그 얘기가 기자에게는 최상의 언어로 아내에 대한 고마움을 표시하는 '이문열식 어법'으로 들렸다.

지인들이 말하는 박필순 씨

작가의 책을 내고 있는 출판사 사장 사모님이 자수를 하게 된 것은 "글 쓰는 남편의 고통과 어려움을 함께 나누기 위해 시작한 일"이라고 하는 얘기를 듣고 가슴이 뭉클했다.

이문열의 고향 후배인 출판사 사장 전형적인 종가의 며느리다. 언제 어느 때 손님을 끌고 가도 싫은 내색 없이 맞아주기 때문에 "이문열의 부인을 알면 이문열을 미워할 수가 없다"고들 얘기한다.

한 출판사 편집장·문학평론가 한번은 젊은 출판인들이 이천 댁에 놀러 가 밤에 나이트클럽에 갈 생각으로 나섰다가 사모님한테 불려가 야단을 맞은 적이 있다. "세상이 아무리 바뀌었다 하더라도 밤늦게 남녀가 나이트클럽 가는 건 안 된다. 내 집 안에서 노는 것은 괜찮지만 집 밖으로 나가는 건 허락할 수 없다"고 단호하게 얘기하셔서 다들 아무 소리도 못 했다.

문하생 출신 소설가 선생님 글은 물론이고 제자들 글도 거의 다 읽다시피 하는데 그 감각이 대단하다. 한밤중에도 술상 차려 내오는 걸 마다한 적이 없어 사모님 덕에 이문열 선생 곁에 사람이 많이 몰린다는 생각이 든다. 자신을 드러내지 않지만 결코 내성적인 분은 아니고 아주 활달하다. 이 선생님이 "내 이룬 것의 절반은 저 사람 몫"이라고 말씀하시는 것을 들었다.

30대 집안 조카 대학 다니면서 많은 도움을 받았고 댁에서 오래 기거했지만 한 번도 싫은 내색을 하신 적이 없다. 시어머니가 다소 무리한 말씀을 하셔도 그 앞에서는 무조건 “예”라고 하셨다. 종부는 아니셨지만 사실상 종부 역할을 감당하셨다.

(2001. 8. 23.)

'고딩 파바로티' 김호중과 서수용 교사

2008년 6월 어느 여름날. 경북 김천예술고등학교 음악과장 서수용 교사는 대구 남구 대명동 한 서점 앞에서 누군가를 기다리고 있었다. 좁은 골목이었다. 10분, 20분이 지나도록 만나기로 한 학생이 나타나지 않자 그는 슬슬 짜증이 나기 시작했다.

며칠 전 대구 경북예술고에 재직하고 있는 성악 담당 후배 교사가 그에게 전화를 했다. "선배, 우리 학교에 노래는 기막히게 하는 2학년짜리가 있는데 완전 꼴통 문제아라. 이번에 또 사고를 쳐 전학을 하지 않으면 퇴학당하게 생겼는데 선배가 좀 받아주면 좋겠다"는 것이었다. 그는 "일단 한번 만나 노래나 들어보자"고 했다.

30분쯤 지날 무렵, 저만치서 누가 성큼성큼 걸어왔다. 양복 차림에 덩치와 걸음걸이 행색이 완전 '조폭'이었다. 서 교사는 "설마 저 녀석은 아닐끼라"라고 생각했으나 가까이

온 그는 인사를 꾸벅 하며 “경북예고 김호중입니더”라고 말했다. 고개로 하는 인사가 아니라 어깨로 하는 ‘조폭식 인사’였다. 위부터 아래까지 범상한 데라곤 한 구석도 없었다. 금목걸이, 금팔찌, 금반지, 팔뚝의 문신까지.

서 교사는 애써 담담한 표정을 지으며 그를 인근 피아노 연습실로 데려갔다. 가는 도중 “아, 내가 이렇게 위압감을 느끼는데 우리 학교 학생들은 어떻겠나. 그냥 노래나 한 곡 들어보고 돌려보내자”고 마음먹었다.

호중은 서 교사에게 테스트 곡으로 푸치니 오페라 토스카에 나오는 〈별은 빛나건만〉을 부르겠다고 하더니 목도 풀지 않고 반주에 맞춰 거침없이 노래를 불렀다. 높은 음에도 거침이 없었다. 서 교사는 경악했다.

“직업 성악가들도 보통 한 시간 정도는 목을 풀고 부르고, 저도 고등학교 때 10번 부르면 절반 정도는 실패하던 곡입니다.” 테스트는 한 곡으로 끝이었다. 서 교사는 순간적으로 “아. 야구나. 야를 만날라꼬 내가 이렇게 돌고 돌아 이 자리까지 왔구나” 하는 생각이 들었다. 거기에는 그럴 만한 사연이 있었다.

김천 출신으로 1983년 2월 영남대 성악과를 졸업한 서 교사는 ‘세계적인 테너’가 되겠다는 꿈을 품고 독일 유학을 떠났다. 아헨음대를 졸업하고 카를스루에 오페라 단원으로도 활약했다. 그러나 재능의 한계와 오른쪽 시신경 이상으로 꿈을 접고 10년 만에 귀국했다. "이만한 이력이면 교수는 몬 하겠나" 하고 생각했으나 이마저 쉽지 않았다.

대학 강사 생활을 하며 김천시립합창단을 지휘하던 중 이신화 김천예고 교장이 "성악과 일을 좀 봐달라"고 제의했다. 2001년 초 전임교사로 부임했지만 "내가 고등학교 선생하려고 20년간 그 고생을 했나" 하는 생각이 늘 그의 뇌리를 떠나지 않았다.

서 교사는 호중에게 말했다. "무슨 사연이 있는지 모르지만 니는 성악으로 대성할 자질이 충분하다. 무단결석을 하지 않고 폭력을 쓰지 않겠다는 두 가지만 약속하면 결코 니를 버리지 않겠다"고 약속했다. 호중은 "약속을 지키겠다"고 했다. 하지만 호중의 학교생활기록부는 '충격' 그 자체였다.

학교에 돌아와 호중을 받아주는 문제를 논의에 부쳤다. 다들 고개를 저었다. 다음 날 학교에 나타난 호중의 '포스'를 본 다른 교사들은 "애들 다 망치겠다"며 난리였다. 이신화 교장이 단안을 내렸다. "이런 문제아를 받아서 잘 기르는 것이 미션 스쿨인 우리 학교의 할 일이다. 서 선생 책임 아래 잘 지도하라"고 힘을 실어준 것이다.

평소 대구에서 김천으로 출퇴근해온 서 교사는 다음 날 평소보다 30분가량 일찍 출발해 대명동 호중의 자취집에 들렸다. 세상모르고 자고 있는 호중을 깨웠더니 “온몸이 쑤시고 아파 학교 몬 가겠습니다”라고 했다. 기싸움에서 밀리면 안 될 것 같아 인근 대학병원 응급실로 데려갔더니 그제야 “학교 갈 수 있을 것 같습니다” 하며 따라나섰다.

두 시간을 허비한 끝에 승용차로 김천으로 가는 도중 흘깃 백미러를 보니 호중이 뒷자리에 누워 세상모른 채 자고 있었다. 그는 순간 “하나님! 어쩌자고 저런 개망나니한테 그렇게 뛰어난 재주를 주셨습니까. 지가 가진 재주가 얼마나 소중한지도 모르고, 지 몸도 제대로 못 가누는 녀석한테 왜 저런 재능을 주신 겁니까. 차라리 제게 주셨다면 하나님과 교회 이웃을 위해 헌신할 텐데…” 하는 원망이 터져 나왔다. 서 교사는 “천재 모차르트를 향한 모범생 살리에리의 질투심 같은 심정이었다”고 했다.

호중이 김천에서 자취방을 얻기까지 6개월 동안 사제의 동행 등하교가 계속됐다. 그 과정에서 서 교사는 호중이 ‘단순 문제 학생’을 훨씬 넘어서는 ‘거물급’임을 알게 됐다. 울산에서 태어난 호중은 부모의 이혼으로 할머니와 살고 있었는데 2008년 할머니마저 세상을 떠났다.

중학교 때 이종격투기 선수로 부산에서 열린 전국대회에서 우승까지 했고, 고1 때 ‘조직’에 스카우트돼 일찌감치 조폭의 세계에 몸담게 됐다. 학교생활이 제대로 될 리 없었다. 성악은 중3 때 울산 임마누엘 교회에서 무료 지도를 받은 것이 고작이었다.

새 학교에서 처음 한 달 동안 호중은 책상에 누워 하루 종일 잠만 잤다. 보다 못한 서 교사가 음악반 아이들과 공동 회식을 통해 안면을 트게 해줬다. 나중에 호중과 선의의 라이벌이 된 모범생 이재명 군이 제일 먼저 다가갔다. 둘 사이엔 라이벌 의식이 싹텄다. “이제 됐다” 싶었다. 그러나 ‘조직의 형님들’은 생각이 달랐다. 수시로 휴대전화를 걸어 그를 불러냈다.

하지만 호중은 천재였다. 하나를 가르치면 둘을 알고, 둘을 가르치면 넷을 알았다. 전학 후 50여 일이 지난 8월 말경 대구에서 열린 TBC 음악 콩쿠르 성악 부문에 출전해 당당히 우승을 차지했다. 이어 전국에서 난다 긴다 하는 학생들이 참가하는 서울 세종 음악 콩쿠르 남자 고등부 성악 부문에서도 우승했다. 하지만 서 교사가 학교 일에 파묻혀 잠시 한눈을 파는 사이 11월 열린 한 콩쿠르에서 예선 탈락하자 호중은 돌연 자취를 감춰버렸다.

4, 5일 만에 통화를 했으나 호중은 학교에 나타나지 않았다. 대구 동신교회 성가대 지휘를 맡고 있는 서 교사는 눈물을 흘리며 기도했다.

"하나님, 야를 감당하기에는 지 그릇이 너무 작은 것 같습니다. 이쯤에서 끈을 놔야 할 것 같습니다."

그때 마음속에서 누군가의 음성이 들려왔다.

"너는 호중이보다 더 나를 힘들게 했었다. 정 그렇다면 나도 너를 잡고 있던 이 끈을 놓아버려도 되겠니?"

서 교사는 눈물로 회개했다.

10여 일 뒤 학교에 온 호중은 서 교사를 보자마자 "선생님, 지 전학 갈랍니다"라고 했다. 배신감과 섭섭함이 폭풍처럼 밀려왔다. "제 잘못이 너무 커 옛날처럼 아버지와 아들 같은 사제관계로 돌아갈 수 없어 스스로 선생님을 떠나겠다"는 것이었다. 따귀를 때린 뒤 붙들고 울었다.

"내가 니를 용서할 권리가 없다. 새로 시작하자"고 했다. 호중이도 따라 울었다. 이날부터 호중은 180도 달라졌다. 겨울방학 때 서 교사는 푸치니 오페라 투란도트에 나오는 〈공주는 잠 못 이루고〉 악보를 주면서 3학년 9월경까지 부를 수 있도록 해보라는 과제를 냈다. 놀랍게도 호중은 석 달 여 만에 이 노래를 어떤 기성 테너 못지않게 완숙한 표현력으로 '불러냈다.' 고교생으로는 '기적'이나 다름없었다.

2009년 5월 학교 정기 연주회에서 호중은 다시 이 곡을 불렀고, 연주 장면을 동영상으로 촬영한 서 교사는 '고삐리가 부르는 〈공주는 잠 못 이루고〉'라는 타이틀을 붙여 직접 인터넷에 올렸다. 인터넷은 순식간에 난리가 났다. 이를 본 SBS 인기 예능 프로그램 〈스타킹〉에서 연락이 와 방송에도 2차례 출연해 우승을 차지하며 전국적인 스타가 됐다.

각계의 격려와 함께 몇몇 대학에서 실기 장학생 제의가 왔으나 호중은 일찌감치 한양대 음대를 선택했다. 호중은 그 뒤 대통령 표창과 메달이 수여되는 '대한민국 인재상'도 받았다. 서 교사는 말한다. "이제야 알겠다. 내가 왜 세계적인 테너로 크지 못했고, 교수가 되지 못했는지를. 나는 호중이를 키워내기 위한 하나님의 도구였을 뿐"이라고. 호중은 말한다. "선생님을 못 만났다면 오늘의 나는 없다. 세계적인 테너가 돼 선생님이 못 이룬 꿈을 대신 실현하는 것만이 은혜에 보답하는 길"이라고.

김천예고서 만난 김호중 군

경북 김천예술고 졸업식장. 연미복을 입은 세 남자가 단상에 올라왔다. 음악과장 서수용 교사와 서울대 음대에 장학생으로 합격한 이재명 군, 그리고 한양대 장학생으로 선발된 김호중 군. 이들이 영화 〈미션〉의 주제곡이었던 엔니오 모리코네의 〈가브리엘의 오보에〉 성악 버전인 〈넬라 판타

지아〉를 부르자 열렬한 박수와 탄성이 터져 나왔다. 1986년 개교 이래 최고로 감동적인 장면이었다.

직접 만나본 호중은 그 또래 여느 학생과 크게 다를 것 없어 보였다. 175cm에 85kg의 당당한 '테너급 몸무게'다.

클래식을 배우게 된 계기는….

__어려서부터 노래 부르는 것을 좋아했다. 특히 대중가수 김범수를 좋아해 어느 날 용돈 모은 것을 들고 음반 사러 갔다가 덩치가 크고 수염도 잔뜩 기른 사람이 낸 음반이 있어 호기심에서 들었다가 '뻥' 갔다. 나중에 보니 루치아노 파바로티의 〈공주는 잠 못 이루고〉였다. 정말 소름이 끼쳤다. 사람이 어떻게 이런 소리를 낼 수 있을까 생각했고, 나도 그런 소리를 내고 싶었다.

고교생 조폭으로 지내면서 무슨 일을 했나.

__가게와 동생들 관리, 그리고 낚시터 공동 운영 같은 일이었다. 월급도 많았다. 구두가 17켤레, '마이(양복)'가 열 벌쯤 됐다.

폭력 조직에서는 어떻게 빠져나왔나.

__연락을 끊었더니 형들이 집으로 찾으러 왔다. 어디론가

끌려가 자정부터 오전 7시까지 두드려 맞았다. 처음에는 아프더니 어느 순간부터 몸에 감각이 없어졌다. 집에 엎어져 3일 동안 꼼짝도 못 했다.

TV를 통해 뜨고 나서 연락이 오지 않았나.

__대구에 놀러 갔다가 우연히 만났다. 형님이 "그때 왜 노래한다고 안 했느냐"고 했다. 앞으로는 좋은 일로 만나자고도 말했다. 그렇지만 이제 더는 만나고 싶지 않다.

하늘이 자신을 돕는다고 생각하나.

__내가 노래한다는 것 자체가 하나님께서 주신 달란트라고 믿는다. 하나님이 내게 주신 재주를 소중하게 사용해야 한다고 생각한다.

문화부 출신인 기자는 아직은 '미완의 대기'인 호중에게 "성악가는 10만 명 가운데 1등을 해야 세계적인 무대에 설 수 있다"고 말해줬다. (2010. 2. 22.)

* 김호중은 성인이 돼서 트로트 스타가 되었다. 그가 음주운전 및 도피 혐의로 물의를 일으켰을 때 나는 놀라지 않았다.

3

아름다운 사람들

'위대한 사기꾼'
백남준

한국이 낳은 위대한 예술가인 백남준이 74세를 일기로 세상과 작별하는 과정을 지켜보면서 그와의 여러 차례 만남이 주마등처럼 스치고 지나갔다. 그처럼 기발하고 자유로운 예술혼을 갖고 있는 인물을 가까이서 지켜본 것은 기자로서의 보람이자 행운이다.

특히 잊을 수 없는 것은 2000년 10월 구겐하임 회고전을 앞둔 그를 뉴욕 소호 스튜디오에서 만난 일이다. 1996년 3월 중풍(뇌졸중)으로 쓰러져 행동이 자유롭지 못했던 그는 대뜸 "요즘 하루 100m씩 걷는다"고 자랑했다. 저녁 식사 후에 지팡이를 짚고 50m를 걷고, 밤에 혼자 힘으로 화장실에 두 번 다녀오니까 또 50m가 된다는 얘기였다.

그러면서 그는 "몸이 불편해서 그런지 머리는 오히려 더 잘 돌아가 아이디어가 샘처럼 솟아난다. 80세가 되는 2012

년 세상을 깜짝 놀라게 할 커다란 쇼를 한 뒤에야 죽어도 죽겠다"고 다짐했다. 10년은 더 살겠다는 그 약속이 지켜질 것으로 믿었기에 나는 그의 죽음을 돌연한 것으로 받아들였다.

인터뷰 기사에는 싣지 않았으나 당시 그는 뉴욕 활동 초기에 겪은 마음고생을 솔직하게 털어놓았다. "아무리 노력해도 미국 언론이 관심을 갖지 않아 로봇을 만들어 거리를 돌아다니게 했더니 뉴욕타임스에 났어. 그 뒤 몇 번 재미를 봤는데 또 시들해져. 그래서 로봇을 차로 깔아뭉갰더니 대서특필되더라고…"라며 웃었다.

그러면서 그는 "뉴욕 같은 1급 예술도시에서는 누가 뭘 조금 더 잘하고 못하고는 중요하지 않다. 남이 하지 않는 뭔가 색다른 것을 해야 한다"고 강조했다. 일류가 되려면 'More or Less'가 아니라 'Something Special'한 것을 해야 한다는 의미였다.

사실 콧대 높은 서양인들이 동양의 변방에서 나고 자란 그에게 섣부른 관심을 표명할 이유는 없었다. 그가 1960년대 독일과 미국에서 파격 퍼포먼스를 벌였던 것은 현지 문화예술계에 자신을 알리기 위한 계산된 몸부림이 아니었을까? 그의 관심 영역이 행위음악에서 퍼포먼스, 비디오에서 레이저 아트로 옮아간 것도 'Something Special'에 대한 추구이자 작가로서의 '생존 전략'이었을 것이다.

그가 재미 화가 강익중에게 했다는 말은 그런 의미에서 더욱 함축적이다. "작품을 싸게 팔고, 개막식 파티를 많이 찾아다니고, 여행을 많이 다니되 작품과 함께 다니라"고 당부했다는 것이다. '정상의 한국인'이었으나 세계의 무대에서 그는 여전히 고독했고, 끊임없이 제작비를 마련해야 했던 것이다.

그는 한국에서 태어나 독일에서 이름을 알리기 시작했고, 미국에서 거장의 반열에 올랐다. 화장된 그의 유해가 한국, 독일, 미국에 분산 안치되는 이유다. 1993년 독일 국적으로 베니스 비엔날레에서 대상을 수상했고, 뉴욕은 그를 20세기 가장 위대한 작가의 한 사람으로 대접했다.

하지만 그는 한국인의 원형질을 끝까지 간직했다. 열여덟 살에 한국을 떠났지만 모국에 대한 수구초심(首丘初心)이 그의 작품 곳곳에 배어 있고 1930, 40년대 서울 사람들의 말투와 억양을 고스란히 간직하고 있었다. 그의 작품 도처에 한국의 무속이 내재해 있다는 점에서 그는 20세기 '디지털 무당'이나 다름없었다.

그가 구사하는 외국어는 유창하지는 않았으나 당당했다. 언젠가 "내가 무명일 때는 내 영어를 못 알아듣는 것 같더니 유명해진 후에는 영어로 무슨 말을 해도 그들이 다 알아들어주더라"고 말할 정도로 자신의 성취에 자부심을 갖고 있었다.

존 케이지가 "내일 당장 죽는다면 백남준의 재담을 듣지 못하는 것이 제일 서글플 것"이라고 말할 정도로 그의 입담은 재치가 넘쳤다. 1984년 그가 30여 년 만에 고국에 돌아와 기자들에게 한 첫 일성도 "예술은 사기"라는 것이었다.

하지만 단서는 있었다. "사기라도, 고등 사기를 쳐야 한다"는 것이었다. 어설픈 사기는 결코 대중을 속일 수도, 감동을 줄 수도 없다는 것이 그의 생각이었다. 하늘나라에서도 '고등 사기'를 궁리하고 있을 그가 그립다. (2006. 2. 9.)

* 한국이 낳은 세계적인 예술가들이 많으나 백남준은 비디오 아트의 '창시자'라는 점에서 누구보다 위대한 예술가이다.

LG 구본무 회장과 마포 '을밀대'

LG 그룹 구본무 회장은 맛있는 냉면으로 소문난 마포 '을밀대' 본점을 자주 찾는다. 최근 구 회장은 적지 않은 호의를 베풀어 가게 주인 김영길 씨를 감동케 했다.

김 씨에 따르면 구 회장은 얼마 전 평소 애용하는 허름한 방에서 냉면을 먹고 있다가 LG그룹의 전신인 옛 금성사에서 만든 창문형 구형 에어컨이 설치돼 있는 것을 발견했다. 구 회장은 "아직도 저 에어컨을 쓰는 가게가 있느냐"면서 함께 온 임원에게 "기왕이면 손님들이 산뜻한 분위기에서 식사할 수 있도록 에어컨을 모두 신형으로 바꿔드려라"라고 즉석에서 지시했다.

구본무 회장은 평소 소탈한 스타일대로 계열사 사장이나 임직원 7, 8명과 함께 슬그머니 찾아와 냉면을 먹고 가기 때문에 웬만한 손님들은 구 회장을 거의 알아보지 못한다. 주인도 구 회장의 이런 성품을 알고 있기에 특별한 대우를 하지 않았다. 그래서 구 회장이 에어컨 교체를 지시한 줄도 몰랐다.

며칠 뒤 LG 실무진이 "회장님 지시"라며 에어컨을 교체하러 왔을 때 김 씨는 크게 신세 질 일이 아니라는 생각에 구 회장이 식사를 했던 방의 에어컨만 갈아달라고 했다. 김 씨는 얼마 뒤 다시 찾아온 구 회장에게 "덕분에 이 방 에어컨을 새것으로 바꾸게 됐다"고 감사 인사를 했다. 그러자 구 회장은 "참 고지식한 친구네. 이 집 에어컨을 모두 새것으로 교체하라고 했는데 왜 한 개만 교체해달라고 했느냐"면서 같이 간 임원에게 모든 에어컨을 바꿔주도록 지시했다.

이후 LG 실무진은 손님이 없는 시간을 이용해 이 음식점의 창문형 구형 에어컨 20여 개를 모두 신형으로 교체했다. 냉면집 주인 김 씨는 "교체 비용이 상당할 텐데 소리 소문 없이 후의를 베풀어주셔서 감사하다"며 "항상 좋은 재료로 정직하게 음식을 만들어 손님들에게 대접하는 게 구 회장님의 후의에 보답하는 길이라고 생각한다"고 말했다. 그 손님에 그 주인이다. (2011. 11. 26.)

* 구본무 회장은 2018년 5월 세상을 떠났다. 구 회장이 바꿔준 '을밀대' 에어컨도 수명을 다해 교체되었다.

임꺽정과
무대 찾아 떠난 고우영

만화가 고우영 선생이 67세를 일기로 돌연 세상을 떠났다. 그의 만화를 애독한 사람으로서 삼가 명복을 빈다. 그의 유머와 순발력, 만화는 물론이고 술, 골프, 낚시 등 잡기(雜技)에서도 지고는 못 배기는 승부사 기질 등 평소의 면모가 주마등처럼 스쳐 지나간다.

이 땅의 40대 이상 한국 남자들은 고우영의 『임꺽정』, 『수호지』, 『삼국지』 등을 통해 세상 돌아가는 이치(理致)에 무릎을 치고, '고우영 버전' 남녀상열지사(男女相悅之詞)에서 갈증을 풀었다. 그는 만화를 통해 가정과 학교가 알려주지 않은 것을 당대의 청소년들에게 가르쳐준 '강호(江湖)의 스승'이었다.

1970년대는 흔히 '통기타, 생맥주, 청바지의 연대(年代)'라고 불린다. 그러나 '고우영 만화'를 빼놓고 70년대를 논할 수는 없다. 엄밀히 말해 '통기타, 생맥주, 청바지'가 대학생들의 제한적 엘리트 문화였다면 ‘고우영 만화’는 남녀노소를 아우르는 포괄적 문화 현상이었다.

그는 또한 만화의 독자를 어린이에서 어른으로 끌어올린 ‘성인만화’ 시대를 연 개척자였다.

무엇보다 그는 근엄한 고전(古典)을 번득이는 유머와 해학으로 재해석해냄으로써 독자들에게 카타르시스를 선사했다. 만화는 일단 재미있어야 한다는 것이 그의 작가적 소신이었고, 구어체 대사로 캐릭터들에 생명력과 현실감을 불어넣었다.

덕분에 독자들은 그의 만화를 통해 잠시나마 세상사의 시름을 잊을 수 있었다. ‘천하장사 임꺽정’과 ‘신의(信義)의 화신 관우’는 우리 모두가 그리워하는 지도자상(像)이었다. ‘쪼다 유비’와 ‘반(半)토막 무대’는 그 시대 고단한 민중에게 위안과 웃음을 주는 인간상이었다. 『수호지』의 요부(妖婦) 반금련은 미워도 미워할 수 없는 ‘만인의 연인’이었고, 「가루지기」의 변강쇠는 ‘고개 숙인 남자’들에게 대리 만족을 주는 우상이었다.

그는 청소년들에게 ‘노골적이지만 추하지 않고, 익살스럽지만 천하지 않은’ 성(性)을 가르친 ‘잘 익은 선배’이기도 했다. 코밑과 사타구니가 거뭇거뭇해지기 시작한 사내아이들은 그의 만화를 통해 ‘남성’을 자각하고 ‘어른’이 되는 법을 배웠다. 중·고교뿐 아니라 초등학교에서도 그의 만화가 실린 스포츠신문을 면별로 잘라 반 전체가 돌려가며 읽곤 했다. 시험 때면 교탁에 슬그머니 그의 만화가 실린 신문을 올려놓아 감독 교사의 눈을 피하는 경우도 있었다.

그는 또 국내 스포츠신문의 도약을 이끈 공로자로 한국 언론사에 기록될 것이다. 한 스포츠신문은 1971년 2만 부 정도이던 발행부수가 그의 만화 연재로 4년 만에 30만 부로 늘어났다. 독자들이 연재소설이나 특정 칼럼이 아닌 연재만화를 보기 위해 신문 가판대로 달려가게 한 것은 그가 처음이다.

우리 세대는 고우영에게 너무나 많은 빚을 졌다. 그가 좀 더 살지 못한 것도 고된 만화 창작 때문이었지 싶다. 만화의 거인이시여! 저승에서 임꺽정, 무대 관우, 그리고 반금련을 만나 즐거운 삶을 사십시오. (2005. 4. 26.)

박완서 찾아온
박수근의 나목(裸木)

화가 박수근(1914~1965)이 작가 박완서(1931~2011)를 찾아갔다. 두 사람이 6·25전쟁 때 미 8군 PX에서 만난 지 60년 만의 만남이었다. 당시 화가는 미군들의 초상화를 그려주고 생계를 이어가던 고단한 '환쟁이'였고, 전쟁으로 서울대를 중퇴한 작가는 미군들에게 그림을 사라고 권유하던 꽃다운 청춘이었다.

무명화가 박수근을 국민화가로 만든 주역인 갤러리현대 박명자 회장이 박수근의 판화 3점을 경기 구리시 아천동 박완서 선생 댁에 보냈다. 여성동아 장편 공모를 통해 등단해 훗날 국민작가가 된 '가정주부 박완서'의 데뷔작 『나목(裸木)』의 모티브가 된 〈나무와 두 여인〉 등 3점이었다. 박완서 선생이 박수근을 모델로 쓴 데뷔작 『나목』 또한 박 화백을 국민화가로 만드는 데 일조했다.

최근 지인을 통해 박완서 선생 댁에 박수근 화백의 작품이 한 점도 없다는 소식을 듣게 된 박 회장은 자신이 소중하게 간직해오던 박 화백의 판화 중 3점을 골라 이날 댁으로 보냈다. 1990년 박수근 25주기 전시 때 유족과 상의해 한정판으로 만든 판화(AP · Artist's Proof, 작가 공인)였다.

선생의 자택을 지키고 있다 예기치 않은 선물을 받은 딸 호원숙 씨는 "참 고맙고, 감사하다. 빈소에도 다녀가셨는데…"라며 잠시 말을 잇지 못했다. 박완서 선생은 지난해 5월 한 달간 갤러리현대에서 열린 '국민화가 박수근 45주기 기념전'에도 다녀왔다.

유족과 지인들은 박완서 선생이 세상을 떠난 지 50일을 맞아 경기 용인시 천주교 공원묘지 고인의 묘소에서 천주교식으로 조촐한 '50재'를 지냈다. 고인은 자신보다 앞서 세상을 떠난 남편과 외아들 곁에서 안식하고 있다. 가족들은 고인이 생시에 즐겨 마시던 와인을 봉분에 따라 드렸다. 며칠 후엔 MBC TV에서 박완서 선생에 대한 스페셜 다큐멘터리가 방영된다. 유난히 길고 추운 겨울을 나목으로 지낸 백일홍, 산수유 등 선생이 생시에 정원에 심은 나무들이 서서히 꽃망울을 터뜨리고 있었다. (2011. 3. 23.)

학 같은 선비 이기백 선생

"평안도 상놈의 집에서 태어났다는 것 이외에 별로 자랑할 만한 재간이 없는 나는 일생 동안 공부나 하며 살기를 원하였다."

향년 80세를 일기로 별세한 사학자 이기백 선생이 10년 전 동아일보 지면에 남긴 글이다.

광복 후 한국 사학계 1세대인 선생은 생시에 30여 종의 저서와 편·역서, 160여 편의 논문 등을 발표한 역사학계의 거목이다. 대학에 몸담고 있으면서 연구소를 제외한 보직은 일절 맡지 않았고, 역사의 대중화에도 많은 관심을 기울인 학(鶴) 같은 선비였다.

1980년대 어느 해 여름 청탁한 원고를 받기 위해 선생댁을 찾았다. 이른 아침인데도 모시 적삼을 곱게 차려입은 모습으로 맞아주셨다. 자택 가득 문자향서권기(文字香書卷氣)

가 배어 있었다. 선생은 차 한잔을 권하며 세상을 걱정하셨다.

원고지의 필적(筆跡) 또한 선생처럼 단아했다. 제자의 제자뻘인 젊은 기자에게 시종 말을 높이셔서 몸 둘 바를 몰라 했던 기억이 난다. 글줄이나 쓴다는 사람들이 아파트 경비실에 원고를 맡겨놓거나 부인을 시켜 문 사이로 원고를 건네주던 때였다.

선생은 종고조부인 남강 이승훈(1864~1930)의 가르침을 받았고, 신채호의 『조선사 연구 초』와 함석헌의 『성서적 입장에서 본 조선역사』에서 깊은 감동을 받아 역사학도의 길로 들어섰다.

이후 이화여대, 서강대, 한림대 등에서 40년가량 후학을 지도했고, 특히 서강대에서 22년간 재직하면서 전해종(동양사), 길현모, 차하순 교수(서양사)와 함께 역사학계에서 '서강학파'의 전성시대를 열었다. 네 번에 걸쳐 고쳐 쓴 선생의 『한국사 신론』은 한국인의 역사책이요, 입시생과 고시생의 필독서였다.

선생은 사료(史料)에 의한 실증이 뒷받침되지 않는 역사는 단호히 배격했다. 이 때문에 해석을 중시하는 국수적 민족사학자들한테 일제의 식민사학을 계승했다는 공격을 받기도 했지만 흔들리지 않았다. "진리를 거역하면 민족도 망하고 민중도 망한다"는 것이 선생의 지론이었다.

몇 년 전 병세가 깊어지자 그는 "어차피 죽을 바에는 공부를 하다가 죽는 게 낫다"며 마지막까지 집필을 그치지 않았다고 한다. 한국 사학은 선생에게 큰 빚을 졌다. (2004. 6. 3.)

* 이기백 선생은 사후 국민훈장 무궁화장을 받았다. 당시 교육인적자원부 장관이었던 안병영 부총리의 노고가 있었다.

최정호 교수의 제망형가(祭亡兄歌)

"그는 '우주적'으로 사고했고 '가정적'으로 행동하였다. 그 점에서 그는 '세속적'으로 사고하고 '개인적'으로 행동하는 아우와 대조적이었다."

연세대 신문방송학과 최정호 교수가 바로 위 장형(長兄) 최태호 씨를 잃은 슬픔을 적은 「제망형가(祭亡兄歌)」를 부고 대신 지인들에게 보내 이를 받아 든 이들의 가슴을 뭉클하게 만들었다. 옛 선비나 다름없는 '전통적 교양인'으로 소일하던 그의 형은 6개월여의 투병 끝에 향년 67세를 일기로 세상을 떠났다.

'절대로 부고를 내지 말고 일가 친족에게만 알릴 것. 토장을 하지 말고 반드시 화장을 할 것'을 엄하게 당부한 형의 유언에 따라 일절 부고를 내지 않았던 최 교수는 "화장의 메시지만은 널리 퍼뜨려도 좋겠다고 생각해서 이 글을 쓰게 됐다"고 적고 있었다.

장형은 최 교수에겐 아버지나 다름없는 존재였다.

"6·25전쟁으로 사랑하는 아버지를 잃고 열여덟의 어린 나이로 별안간에 여섯 명의 동생을 거느린 가장이 되었을 때, 그는 그의 가문의 13대 종손이었다. … 전란 중에 그가 서울대 법대에 입학한 뒤를 이어 아우가 문리대에 진학하자 그는 아우를 위해 학업을 중단하고 소년가장의 어깨엔 너무나 무거운 종갓집 살림을 꾸려나갔다."

장형은 또 어떤 면에서는 최 교수의 가정교사이기도 했다.

"철없는 영웅주의적 객기에서 아우가 베토벤이나 바그너의 교향곡, 악극 등에 나부끼고 있을 때 모차르트의 아름다움, 특히 그의 실내악곡의 아름다움을 그는 아우에게 가르쳐주었다. 그는 아버지 서가를 섭렵하면서 아우를 푸슈킨과 바이런의 시 세계에도 안내해주었다."

장형이 10대의 소년 시절부터 허무주의자로 자처했으나 사실은 그렇지 않았다고 최 교수는 회고했다.

"말하자면 그는 머리로는 허무주의자요, 가슴으로는 인도주의자였다. 그에겐 머릿속의 니힐리즘과 가슴속의 휴머니즘이 언제나 공존하고 있었을 뿐만 아니라 조화를 이루고 있었다."

장형이 화장을 해달라고 당부한 것에 대해 최 교수는 이렇게 설명했다.

“그에게는 주위에 친구가 많았고, 종손이 묻힐 선산도 넉넉하게 있었다. 그러나 남을 도와주기는 해도 남에게 폐를 끼치지 않겠다는 생활신조, 이 나라의 좁은 강산을 더 이상 분묘가 잠식해서는 안 되겠다는 평소 소신을 그는 스스로의 죽음 앞에서 유언으로 다져두었던 것이다.”

장형이 자신에게 남긴 마지막 말로 최 교수는 글을 끝맺고 있다.

“너와 나는 친구와 같았구나.”

* 형의 죽음을 이처럼 글로 적어 지인들에게 보낸 동생의 마음이 애틋하다.

참 군인, 이현부 중장

1992년 2월 14일 헬리콥터 추락 사고로 순직한 육군 제7군단장 이현부 중장은 사관생도 시절을 포함해 32년간의 군 생활을 주로 야전에서만 보낸 청렴강직한 '참 군인'이었다. 그는 또 군인이기 이전에 한 인간으로서도 더할 나위 없이 성실하고 다정다감한 사람이었다.

1960년 서울고를 졸업하고 육사에 20기로 입학한 이 중장은 졸업 때 최고의 영예인 '대표화랑'으로 선발되는 등 일찍부터 두각을 나타냈으며, 진급 심사에서 늘 선두 자리를 유지하면서도 동기생들의 신망이 두터웠던 덕장이기도 했다. 그러면서 그는 자신의 진급 비결을 묻는 이들에게 "첫째, 부하를 잘 만났고, 둘째, 좋은 상관을 만나 좋은 것들을 배웠으며, 셋째, 동료들이 인정하고 지원해주었기 때문"이라며 모든 것을 주위 사람들 덕분이라고 말하곤 했다.

지난 1973년 결혼한 부인 이경주 씨가 몸이 약해 두 아들을 돌도 되기 전에 잃은 이 장군은 뒤늦게 얻은 딸 상미(초교 4년)양과 함께 휘하의 부하 장병들을 친자식처럼 여겨왔다고 한다.

그러면서 그는 공적인 일에는 더할 나위 없이 엄격했다. 육본 작전참모부장 재임 당시 어떤 부하 하나가 자신 몰래 집으로 찾아와 노모(1991년 작고)에게 봉투 하나를 놓고 가자 생전 처음으로 노모에게 심한 역정을 내 이를 노여워한 노모가 자살 소동까지 빚었을 정도였다.

그 노모가 식물인간 상태로 중환자실에서 8개월이나 있을 때 주위의 많은 사람들이 이제 그만 호스를 떼자고 권유했으나 그는 단호히 거절하면서 "내가 그때 일로 어머니의 가슴을 너무 아프게 한 것 같다"며 눈시울을 적셨다고 한다.

그가 맹호부대 사단장 재임 시절부터 헌신적으로 부대 인근에 신축 중인 '제2 꽃동네'를 도와준 것은 잘 알려지지 않은 사실.

각종 장비와 인력을 지원해 터 닦기 작업을 지원해준 그는 이임 후에도 수시로 부인을 현장에 보내 관심을 표시했으며, 군단장으로 진급한 후 첫 월급을 봉투째 보내와 꽃동네 식구들을 감동케 했다. 그러면서 그는 "제2 꽃동네가 올

5월 완공되면 꼭 한번 들르겠다"고 말했다고 한다.

지난 1월 그와 마지막으로 만난 꽃동네 회장 오웅진 신부는 "고인은 진짜 군인이자 참 신앙인이었다"고 추모하면서 "유족들과 의논해 그를 기념할 수 있는 일을 추진하겠다"고 밝혔다.

* 이현부 중장 유족과는 연락이 일절 닿지 않는다. 육사 동기회에서도 "전혀 행방을 알 수 없다"고 말했다.

아름다운 영혼
장영희 교수

오늘 우리는 참 열심히 살았던 한 아름다운 사람과 지상에서 영별(永別)한다. 쉰일곱의 나이에 간암으로 세상을 떠난 장영희 교수다. 장 교수의 육신은 그가 봉직한 서강대에서 장례 미사를 지낸 뒤 부친인 영문학자 장왕록 교수가 묻혀 있는 충남 천안 공원묘지에 안장될 것이다. 장 교수는 그의 삶과 글, 불굴의 의지와 아름다운 마음을 사랑하는 많은 이들을 뒤로하고 영원한 안식처로 떠났다.

올해 초 김수환 추기경의 선종에 이어, 장 교수마저 참으로 안타까운 나이에 세상을 떠나는 것을 보면서 "무슨 흉흉한 일이 더 생기려고 이렇게 소중한 분들을 하늘로 불러올리시는 것일까?" 하는 생각이 들었다. 갓난아기 때 중증 소아마비를 앓아 '1급 장애인'이 됐지만 온갖 시련과 역경을 넘어 대학교수가 되고, 많은 이들의 존경과 사랑을 받아온 여인에게 신은 어째서 유방암, 척추암, 간암을 차례로 앓게 하시고 목숨마저 거둬가시는 걸까. 신은 정말 자기가 사랑하는 사람일수록 일찍 데려가시는 것이 아닐까?

장 교수가 어머니 이길자 씨에게 남긴 네 문장 100글자의 작별 인사가 가슴을 멍하게 한다. 병상에서 노트북으로 사흘 걸려 쓴 마지막 글이라고 한다. "엄마 미안해, 이렇게 엄마를 먼저 떠나게 돼서. 내가 먼저 가서 아버지 찾아서 기다리고 있을게. 엄마 딸로 태어나서 지지리 속도 썩였는데 그래도 난 엄마 딸이라서 참 좋았어. 엄마, 엄마는 이 아름다운 세상 더 보고 오래오래 더 기다리면서 나중에 다시 만나."

평소 나는 장 교수의 열혈 팬이었다. 밑줄을 그어가며 그의 칼럼과 책을 읽었다. 하지만 그와 깊은 교분을 나누지는 못했다. 이런저런 기회에 서너 차례 만났을 뿐이었다. 그의 글은 나지막했으나 목소리는 걸걸했고, 그의 글은 온화했으나 행동은 터프했다. 학생들을 끔찍이 사랑했지만 수업에 대해서만은 단호했다고도 한다.

두 번째 암이 그를 침범했을 때도 그는 "신은 다시 일어서는 법을 가르치기 위해 넘어뜨린다고 나는 믿는다"라고 썼다. 그는 '장애인 장영희'가 아니라 '인간 장영희'로서 존재하고, 평가받고, 살아가고 싶어 했다. 나는 그런 그를 존경하고, 좋아하고, 신뢰했다. 그런 점에서 나는 장 교수를 사사했고, 그의 문하생이나 다름없었다.

솔직히 인생에서 되풀이해 읽는 책이 몇 권이나 있으랴. 하지만 장 교수가 쓴 『내 생애 단 한 번』, 『문학의 숲을 거닐다』, 『장영희의 영미시 산책』 같은 책은 몇 번을 거듭해 읽어도 감동이 일었다. 특히 힘들고 어려울 때 그의 책을 들여다보면서 많은 위안을 받았다. 그는 문학으로 희망을 전하는 전도사였다. 그래서 삶에 지쳐 있는 지인들에게 그의 책을 수시로 선물했다. 분야는 다르지만 그를 본받아 비판하는 글보다는 가급적 위안과 위로가 되는 글을 더 많이 쓰고 싶었고, 그렇게 했다.

고인의 빈소에 다녀왔다. 그의 삶과 문학에 대해 경의를 표시하고 싶어서였다. 영정 속 그는 해맑게 웃고 있었다. 고인이 남긴 책들과 그의 별세 소식을 전한 신문, 그리고 신문에 쓴 칼럼 '쉰 즈음에'를 새긴 동판이 빈소를 장식하고 있었다. "장 교수님, 열심히 살아주셔서 참 감사해요. 하나님, 무거운 짐 지고 수고 많이 하다 떠난 그의 영혼을 따뜻하게 맞아주세요"라고 간절히 기도했다.

서둘러 받아 본 유고집 『살아온 기적 살아갈 기적』(샘터)

에서 그는 "누가 뭐래도 희망을 크게 말하며 새봄을 기다린다"고 썼다. 하지만 신은 더는 그에게 살아갈 기적을 허락하지는 않았다. '아름다운 영혼 장영희'는 갔지만 그의 생애와 남긴 글은 이 찬란한 5월처럼 우리들 가슴속에 영원히 살아남을 것이다. (2009. 5. 12.)

* 장영희 교수가 지금까지 살아 있었다면 많은 사람들에게 위안을 주는 좋은 글을 많이 쓰셨을 것 같다.

앙드레 김과 김봉남

누구에게나 한두 가지 '급소'가 있다. 거론되는 것 자체가 거북스럽거나 부끄러워 감추고 싶은 것들이다. 가계나 혈통에 얽힌 문제, 어린 시절의 별명, 낯 뜨거운 실수담 등이 주로 해당된다. 패션 디자이너 앙드레 김에게 '김봉남'이라는 본명은 그런 '급소' 중 하나일 것이다.

국회 법사위의 옷 로비 의혹사건 청문회에서 '김봉남'이라는 '촌스러운' 본명이 화제가 되고 그가 입고 나온 흰색의 튀는 옷도 논란이 됐다고 한다.

자신이 디자인한 백색 옷을 항상 입고 다니는 앙드레 김은 이에 앞서 검찰 조사에서도 수사관들로부터 "검찰에 조사받으러 오면서도 그런 차림이냐"는 핀잔을 들었다고 한다.

목요상(睦堯相) 법사위원장이 앙드레 김의 신원을 확인한 것은 '국회에서의 증언 감정 등에 관한 법률'의 증인 신문 절차에 따른 것이긴 하다.

하지만 앙드레 김으로 널리 알려진 그에게 굳이 본명을 대도록 한 것이 과연 바람직했느냐는 지적도 있다. 법조문에도 반드시 본명을 대야 한다는 규정은 없다.

선비는 호(號)로, 작가는 필명(筆名)으로 부르는 것이 예의이듯, 패션 디자이너 앙드레 김은 '앙드레 김'으로도 부르는 것이 자연스러울 수 있다.

튀는 옷도 마찬가지다. 각종 공연 현장과 외교사절 모임에서 수십 차례 앙드레 김을 보았지만 늘 백색 옷차림이었다. 상가(喪家)에서도 백색 옷을 입고 있었다.

패션 디자이너가 자신의 '작품'을 입고 다니는 것은 법관이 법복을 입고 재판정에 들어서는 것만큼이나 당연하다.

옷 로비 의혹 사건의 진실 규명과 뛰어난 디자이너에 대한 '희화화'는 전혀 다른 차원이다. (1999. 8. 25.)

* 기사가 나간 뒤 앙드레 김이 전화를 걸어와 감사 인사를 했다.

친자식 기르듯 배 농사 짓는 이윤현·이명자 씨

사람이나 동식물 모두 주인을 잘 만나야 매사 평안하다. 그런 점에서 경기 화성시 비봉면 현명농장의 배나무들은 참 주인을 잘 만났다.

2008년 일가상(一家賞) 농업 부문 수상자로 선정된 이윤현 대표가 마치 친자식 돌보듯 보살펴주기 때문이다. 일가상은 가나안농군학교의 창설자로 농촌 발전과 국민 정신 계몽에 한평생을 바친 일가 김용기(一家 金容基) 선생의 유지를 널리 알리기 위해 제정된 상. 이 대표는 특히 한 그루의 상록수가 되겠다는 일념으로 40여 년에 걸쳐 명품 배를 만들어온 '외곬 과수원지기'로서 높은 평가를 받았다고 한다.

서해안고속도로 비봉 나들목을 빠져나와 곧바로 현명농장에 도착하자 입구에서부터 막걸리 익는 냄새가 물씬 풍겨나온다. 얼마 뒤 배나무에 뿌려줄 것이다. "나는 굶어도 배나무는 안 굶긴다. 내가 먹지 못할 것은 배나무에게도 주지 않는다"라는 것이 이 대표의 신념. 자신의 이름에서 '현'자, 동갑내기 아내 이명자 씨의 이름에서 '명'자를 따 붙인 현명 농장 배는 이들 부부의 금슬처럼 당도, 맛, 향기가 뛰어나다.

이 대표는 3대째 87년에 걸쳐 배 과수원을 운영해왔다. 특히 이 대표가 서울 강남 개발이 시작된 1970년대 초 현재 압구정동 현대백화점과 현대아파트 78동 자리에 있던 자신의 배밭 5000여 평을 팔고 황무지나 다름없던 현재의 자리로 농장을 이전한 것은 보통 사람은 상상도 할 수 없는 일.

요즘 시가로 4000억 원이 넘는 금싸라기 땅을 오직 배 농장을 계속하기 위해 평당 1만7000원씩에 팔아넘긴 뒤 미련 없이 오지나 다름없던 경기도 화성으로 온 것이다. 배밭을 수용당한 뒤 인근 토지를 대토받아 땅 부자가 된 사람들은 엄청난 자산가가 됐으나 그는 전혀 부러워하지 않는다.

"당시 압구정동은 행정구역상 경기 광주군 언주면 압구정리였죠. 강북에서 나룻배를 타고 소풍을 올 정도의 시골이었습니다. 개발 직후 서울 성동구 압구정동이었다가 얼마 뒤 강남구 압구정동이 되었습니다. 저도 주위 사람들이나 부동산업자로부터 배 농사를 포기하고 땅 부자가 되라는 유혹을 많이 받았지만 가업(家業)과 배 농사에 대한 열정을 포기할 수 없었죠. 지금까지 단 한 번도 그때의 결정을 후회해 본 적이 없습니다."

2만 2000여 평에 2200그루의 배나무가 심어져 있는 농장을 돌보기 위해 이 대표는 새벽 2, 3시에 일어난다. 이런 노력의 결과로 연 400톤(11개들이 2만 상자) 정도를 수확해 외국에 수출하고 있고, 인터넷 주문(hmfarm@hanmail.net)을 통해 전량 판매한다. 신고, 수황, 원황이 주요 품종. 자체 생산하는 배즙도 건강식품으로 인기를 끌고 있다.

"제가 1남 3녀를 두었고 자식들 돌보듯 배나무를 대해왔습니다. 배를 돈으로 생각해본 적은 한 번도 없습니다. 건강이 다하는 날까지 농장을 계속할 것이고 제 자식 중에 누군가가 가업을 이어나갈 것이라고 생각합니다."

농장 중앙에는 그가 '맏며느리'라고 부르는 나무가 있다. 다른 배나무들에 비해 덩치가 크고 줄기도 굵다. 그래서 그런지 750그램 이상짜리 배가 매해 350개나 열린다. 이처럼 그는 농장에 있는 배나무 하나하나의 이력을 꿰뚫고 있다. 깐깐하고 신세 지기 싫어하는 성격 탓에 유통과 마케팅은 아내와 딸의 몫이다. 아내는 "현명농장 배는 내 남편을 닮아서 지나치게 달지도 않고 뒷맛과 향이 깨끗하고 오래간다"고 자랑했다.

"언젠가 서울의 유명 백화점에서 배를 주문하겠다고 해서 가져갔더니 담당 직원이 마치 하청업자 대하듯 위세를 부려 그 자리에서 호통을 치고 뒤도 돌아보지 않고 내려왔습니다. 자식처럼 키운 배를 그렇듯 자존심을 상해가며 팔고 싶지는 않았습니다. 소비자들에게 자부심을 드리고 싶습니다."

수시로 외국에 나가 선진 영농 기법을 배워온 그는 친환경 과일 필터 보호봉지 개발로 국내, 국제 특허를 획득했고 저온저장고 저장 기술과 환기 자동화 시스템 개발 등 41건의 실용신안 등록 및 상표 등록을 마쳤다. 영농 기술 전파에도 남다른 노력을 하고 있다. '문화와 이야기가 있는 영농'을 위해 2002년부터 매년 4월에는 배꽃축제, 10월에는 배따기축제를 열고 있다.

"아직도 부족한 것이 많습니다. 세상을 떠날 때쯤 '이만하면 됐다'는 명품배가 만들어질 수 있을 것이라는 기대를 갖고 하루하루 최선을 다해 배나무들을 돌보고 있을 뿐입니다."

기자가 슬그머니 "압구정동 금싸라기 땅을 헐값에 넘기

신 것을 정말 단 한 번도 후회해본 적이 없느냐"고 묻자 그는 "아마 그랬더라면 돈과 향락에 빠져 지금쯤 염라대왕 앞에서 싹싹 빌고 있지 않겠느냐"라며 환하게 웃었다. (2008. 9. 2.)

* 이윤현 대표는 몇 해 전 세상을 떠났다. 혼자 배농사를 짓던 아내 이명자 대표는 최근 농장을 매물로 내놓았다.

천사 같은 남편

그는 물리학자다. 국내 명문대에서 공부한 뒤 미국 아이비리그 대학에서 물리학 박사 학위를 받았다. 한마디로 수재였다. 미국, 이탈리아, 프랑스 등에서 연구원을 지낼 정도로 국제적으로도 실력을 인정받았다.

1974년 그가 이탈리아의 국제이론물리연구소 연구원으로 재직할 당시 '운명의 여신'이 그에게 나타났다. 서울의 명문 사립대에서 방문연구원으로 온 수학 전공의 여교수였다. 그는 일곱 살 연상의 그 여교수와 사랑에 빠졌다. 여교수는 1970년 조각가인 남편을 여읜 채 4남매를 키우며 살고 있었지만 그에게는 아무런 문제도 되지 않았다.

1976년 여교수가 몸담고 있는 대학에서 그를 초빙했다. 그에게는 그 대학 전임 자리가 예약된 것이나 다름없었다. 하지만 그가 같은 대학의 홀로 된 연상의 여교수와 사랑에 빠져 결혼까지 생각하고 있다는 소문이 퍼졌고, 그들의 사랑은 보수적인 대학 사회에서 용납을 받지 못했다. 그는 결국 다른 대학으로 자리를 옮겼다.

부모·형제는 물론이고 선배와 동료 교수들도 말렸다. 특히 여자 집안에서 반대가 심했다고 한다. “너한테는 너무 과분한 상대다. 총각이 사랑에 눈이 멀어 제정신이 아닌 것 같은데 나중에 정신이 돌아오면 너만 우습게 되고 아이들도 상처를 받는다”는 것이었다. 남자 집안은 “결혼은 처녀, 총각 간에 하는 것”이라는 입장이었다. 오직 남자의 친구 한 사람만이 “결혼에 사랑 이외의 조건은 없다”며 그를 지지했다. 그는 세상 사람의 시선보다 사랑을 선택했다. 결혼식은 여자 집에서 열렸다. 여자 쪽은 손님이 많았으나 남자 쪽은 거의 없었다. 결혼 생활은 때로 물리학보다 더 복잡하고 어려웠고, 수학처럼 정답이 있는 것도 아니었다. 그는 전남편이 남긴 4남매를 자신의 친자식처럼 헌신적으로 기르고 챙겼다. 자녀들을 모두 학교에 데려다준 뒤 아내를 ‘모셔다 드리고’ 나서야 대학으로 향했다.

자식들도 새아버지를 친아버지처럼 따랐다. 사소한 문제가 없었던 것은 아니었으나 자녀들은 다들 번듯하게 자라

가정을 이뤘다. 그는 친자식 보내듯 2남 2녀의 혼사를 치렀다. 사위 중에는 이름만 대면 알 만한 유명 인사도 있다.

아내는 40세에 요절한 전남편에 대해 언급하는 것을 가급적 삼갔다. 그것이 현재의 남편에 대한 도리라고 생각했기 때문이다. 하지만 그는 집 안에 전시실을 만들어 아내의 전남편 작품들을 전시했고, 찾아오는 손님들에게 작품을 설명해주곤 했다. 마치 자기 친구나 아버지의 작품을 자랑하듯이. 또 화랑에서 유작전을 열기도 했다. 그의 절친한 친구 한 사람은 "보통 사람은 정말 하기 어려운 일"이라고 회고했다.

2009년 어느 화창한 날. 서울의 한 호텔에서 자녀들이 마련한 그의 칠순 축하연이 열렸다. 아들딸들과 손자·손녀들이 각기 재주를 선보이고 합창도 하는 공연 같은 잔치였다. 한 참석자는 "아들딸, 사위, 손자만 해도 1개 소대는 되는 것 같더라"며 부러워했다. 맏아들이 하객들에게 "감사하다"는 인사를 했고, 둘째 사위가 사회를 맡았다. 그는 답사에서 "내가 이 집에 양아버지로 입양됐는데 아이들이 다들 잘 자라 줘 너무나 고맙다"고 인사해 좌중의 폭소를 자아냈다.

30여 년 전 아이 넷 딸린 연상의 여교수와 일곱 살 아래 후배 교수의 결합은 정말 신문에 날 법한 '사건'이었을 것이다. 그래도 어쩔 것인가. 그들은 서로 사랑했고, 합심해서 아이들을 길렀으며, 서로에게 최선을 다했다.

대학에서 정년퇴임한 이 부부는 요즘 안락한 노년을 보내고 있다. 매달 나오는 연금으로 손자·손녀들 맛있는 것 사주는 재미가 쏠쏠하다고 한다. 사랑에 조건과 제한 같은 것은 아무런 소용이 없다는 것을 보여준 '천사 같은 남편'. 소설이 아니다. 실화다. (2009. 10. 7.)

* 글이 나간 뒤 천사 같은 남편이 '도대체' 누구냐고 묻는 전화가 쇄도했다.

형수의 밥 한 그릇

시골에서 가난하게 자란 선배 H는 형수를 진심으로 존경한다. 24세 때 남편과 사별한 형수가 1남 1녀를 훌륭히 키워낸 것도 그렇지만 10년간 객지에 나가 공부하고 있는 자신을 위해 매 끼니 밥을 지어 아랫목에 묻어둔 그 정성을 잊지 못해서다. "언제라도 도련님이 집에 오면 따뜻한 밥 한 그릇은 먹을 수 있어야 하고, 집에서 그렇게 해야 객지에서도 밥을 굶지 않는다"는 것이 형수의 생각이었다고 한다.

덕분에 그는 타향살이 시절 언제 어느 때 집에 가더라도 금세 식지 않은 밥을 먹을 수 있었다. 식은 밥의 대부분이 다음 식사 때 형수의 몫이 되곤 했다는 것을 그는 나중에야 알았다. 그는 "지금도 시골집 아랫목의 내 밥 한 그릇이 눈에 선하다. 오늘의 나를 있게 한 것은 형수님이 묻어둔 밥 한 그릇이었을 것"이라고 생각한다.

언론계 출신 C 선배는 자신의 고종사촌 동생을 늘 칭찬

한다. 자신보다 더 자기 어머니를 잘 섬기는 사람이라는 것이다. 시골 출신의 고종사촌 동생은 초등학교 6학년 때 부산의 선배 집으로 유학 와 중·고등학교를 졸업할 때까지 7년 동안 머물렀다.

대학을 마친 그는 대기업을 거쳐 중소기업인으로 성장했다. 장성한 이후 그는 "외숙모가 그때 먹이고 재워주시면서 건사해주지 않았더라면 지금쯤 나는 시골에서 농사나 짓고 있을 것"이라는 말을 입에 달고 살았다고 한다.

실제 그는 1981년 외숙모가 작고한 이래 단 한 번도 거르지 않고 외숙모의 제사에 참석했고, 매번 봉투를 놓고 갔다. 또 명절 때마다 찾아와 외숙부에게 용돈을 드리고 간다. 선배는 "정작 나는 해외 출장과 근무 때문에 몇 번 제사에 빠졌는데 동생은 한 번도 그런 적이 없다. 어려운 시기에 그의 사업과 가정이 잘 굴러가는 것은 그런 마음가짐에 대한 축복일 것"이라고 말했다.

어디 두 사람뿐이랴. 나 역시 살아오면서 참 많은 분들한테 은혜를 입었다. 낳고 길러주신 부모님의 은혜야 일러 무엇 하겠는가. 가르치고 훈육해주신 스승의 은혜도 잊을 수 없다. 인생의 고비마다 끝없는 이해와 사랑으로 감싸준 친구들의 우정과 지인들의 후의(厚意) 또한 잊지 못한다.

아비 된 기쁨과 보람을 안겨준 자식들은 또 어떠한가. 사회적 성취와 가족 부양을 가능케 해준 직장, 그리고 선후배의 보살핌과 격려가 없었더라면 어떻게 오늘의 내가 존재할 수 있었겠는가.

나는 결국 수많은 타인들의 은혜로 살아왔고, 앞으로도 그럴 것이다. 그래서 나는 세상인심이 각박하다는 얘기에 동의하지 않는다. 세상은 내게 늘 따뜻했고, 세상 사람들은 내가 베푼 것보다 훨씬 더 많은 것을 내게 되돌려주었다. 그런 점에서 나는 더할 나위 없이 행복한 사람이다.

최인호 씨의 소설 『상도(商道)』에 나오는 말이다.

"남에게 은혜를 베풀어주는 일은 어려운 일이다. 그러나 그보다 더 어려운 일은 타인으로부터 받은 은덕을 절대로 잊지 않는 일이다."

몇 해 전 어느 수도자한테서는 이보다 더 무서운 얘기도 들었다. "마땅히 갚아야 할 은혜를 갚지 않으면 내 자식한테서라도 빼앗아가는 게 인과(因果)의 법칙이다. 우주의 운행이 빨라져 과거 3세대 안에만 갚으면 문제가 없었는데 이제는 바로 다음 세대에 길흉이 나타난다"는 말씀이다.

"신세를 질 줄 알아야 갚을 줄도 안다"는 얘기도 있다. 어려울 때 거리낌 없이 도움을 청할 줄도 알아야 한다는 의미다. 누군가가 내미는 손길을 흔쾌히 잡는 것도 인생의 지혜다. 분명한 것은 “은혜를 갚겠다는 마음만 갖고 있으면 언젠가 반드시 보은의 기회가 온다”는 사실이다. 당대에 신세를 갚지 못했다면 2대, 3대 후손에게라도 갚을 기회가 생긴다.

(2009. 6. 24.)

* 고마운 사람이 많다는 것은 그만큼 내가 행복하다는 얘기일 것이다.

아내에게 신장 떼어준 남편

남달리 과묵한 그는 아내가 1남 1녀를 낳은 뒤 신장 질환을 앓아왔지만 평소 별다른 애정 표현을 하지 않았다. 그러나 그의 인생에서 아내를 위하는 일은 늘 우선이었다.

그는 수시로 투석을 해야 하는 아내가 좀 더 나은 환경에서 치료받을 수 있도록 일본으로 갔다. 두 차례나 일본 연수를 허락해준 직장의 배려가 고마웠다. 1998년 연수 기한이 끝나 혼자 귀국했던 그는 2년 뒤 직장에 사표를 내고 아내가 있는 일본으로 건너갔다.

2005년 초 그는 14년 동안 지병에 시달려온 아내를 위해 자신의 콩팥 한 개를 떼어주기로 결심했다. 아내의 병세가 악화된 데다 불어나는 치료비를 감당할 수 없었기 때문이다. 대학생 아들이 오래전부터 "언젠가 엄마를 위해 내 신장을 떼어주겠다"고 말했지만 군 복무를 앞둔 것이 마음에 걸렸다. 검사 결과 다행히 부부간 신장 이식이 가능하다는 통보를 받았다.

솔직히 그는 두려웠다. 특히 한 친구로부터 "싱가포르에서 부부간 신장 이식 수술을 하다가 남편이 사망한 사례가 있다"는 얘기를 들은 후에는 잠을 제대로 이룰 수 없었다. 초췌해진 남편을 본 아내가 수술을 며칠 앞두고 "내가 좀 더 참아볼 테니 이식을 그만두는 게 어떻겠느냐"고 했을 때 내심 흔들렸으나 태연한 척 물리쳤다. 수술 전날에는 아들을 불러 "엄마·아빠가 둘 다 못 일어날 수도 있으니 마음 단단히 먹어야 한다"고 당부했다.

서울에서 한 이식 수술은 성공리에 끝났다. 그가 수술 후 옆 병상의 아내에게 한 말은 "개않나(괜찮으냐)"라는 한마디가 고작이었다.

3개월가량 통원 치료를 받아야 하는 아내를 남겨두고 그는 다음 주 초 일본에 있는 직장으로 돌아간다. "이제 이혼당할 일은 없겠다"는 주위의 농담에 그는 "해병대 출신의 무뚝뚝한 경상도 사내가 결혼 30년이 되도록 마누라에게 해준 일은 콩팥 두 개 중 하나를 떼준 것뿐"이라며 씩 웃었다.

몸고생, 마음고생이 적지 않았을 그의 얼굴이 환해 보였다.

(2005. 4. 8.)

* 신장을 이식받은 아내는 몇 해 전 세상을 떠났다.

4

우리 시대의 초상

아버지는 누구인가

고개 숙인 아버지들이 많은 요즘, '아버지는 누구인가'라는 작자 미상의 글이 인터넷과 입소문을 통해 번져가면서 잔잔한 감동과 화제를 불러일으키고 있다. '아버지란 기분이 좋을 때 헛기침을 하고 겁이 날 때 너털웃음을 웃는 사람이다'로 시작하는 이 글은 A4 용지 두 장에 걸쳐 이 시대 아버지의 모습을 담담하게 그리고 있다.

최근 아버지를 여읜 40대 가정주부는 "'아버지란 돌아가신 후에야 보고 싶은 사람'이라는 대목에서 나도 모르게 눈시울이 붉어졌다"고 말했다. 1남 1녀를 둔 40대 회사원은 "'아버지는 머리가 셋 달린 용과 싸우러 나간다. 그것은 피로와 끝없는 일과 직장 상사에게서 받는 스트레스다'라는 대목을 아내와 자식들에게 보여주고 싶었다"고 말했다.

정년퇴직을 앞둔 50대 후반의 직장인은 "'아버지의 최고의 자랑은 자식들이 남의 칭찬을 받을 때'라는 구절이 특별히 마음에 와닿았다"며 "친한 친구가 인터넷에 돌아다니는 글이라며 이메일로 보내주었는데 내용이 감동적이어서 나도 여러 사람에게 보냈다"고 말했다.

아버지는 누구인가?
아버지란 기분이 좋을 때 헛기침을 하고,
겁이 날 때 너털웃음을 웃는 사람이다.
아버지란 자기가 기대한 만큼 아들·딸의
학교 성적이 좋지 않을 때 겉으로는
"괜찮아, 괜찮아" 하지만
속으로는 몹시 화가 나는 사람이다.

아버지의 마음은 먹칠을 한 유리로 되어 있다.
그래서 잘 깨지기도 하지만 속은 잘 보이지 않는다.
아버지란 울 장소가 없기에 슬픈 사람이다.
아버지가 아침 식탁에서 성급하게 일어나서 나가는 장소(그곳을 직장이라고 한다)는 즐거운 일만 기다리고 있는 곳은 아니다.
아버지는 머리가 셋 달린 용(龍)과 싸우러 나간다.
그것은 피로와 끝없는 일과 직장 상사에게서 받는 스트레스다.

아버지란 '내가 아버지 노릇을 제대로 하고 있나? 내가 정말 아버지다운가?' 하는 자책을 날마다 하는 사람이다.

아버지란 자식을 결혼시킬 때 한없이 울면서도 얼굴에는 웃음을 나타내는 사람이다.

아들·딸이 밤늦게 돌아올 때에 어머니는 열 번 걱정하는 말을 하지만 아버지는 열 번 현관을 쳐다본다.

아버지의 최고의 자랑은 자식들이 남의 칭찬을 받을 때이다.

아버지가 가장 꺼림칙하게 생각하는 속담이 있다.

그것은 "가장 좋은 교훈은 손수 모범을 보이는 것이다"라는 속담이다.

아버지는 늘 자식들에게 그럴듯한 교훈을 하면서도 실제 자신이 모범을 보이지 못하기 때문에 이 점에 있어서는 미안하게 생각도 하고 남 모르는 콤플렉스도 가지고 있다.

아버지는 이중적인 태도를 곧잘 취한다.

그 이유는 '아들·딸들이 나를 닮아주었으면' 하고 생각하면서도, '나를 닮지 않아주었으면' 하는 생각을 동시에 하기 때문이다.

아버지에 대한 인상은 나이에 따라 달라진다.

그러나 그대가 지금 몇 살이든지, 아버지에 대한 현재의 생각이 최종적이라고 생각하지 말라.

일반적으로 나이에 따라 변하는 아버지의 인상은
4세 때 – 아빠는 무엇이나 할 수 있다.
7세 때 – 아빠는 아는 것이 정말 많다.
8세 때 – 아빠와 선생님 중 누가 더 높을까?
12세 때 – 아빠는 모르는 것이 많아.
14세 때 – 우리 아버지요? 세대 차이가 나요.
25세 때 – 아버지를 이해하지만, 기성세대는 갔습니다.
30세 때 – 아버지의 의견도 일리가 있지요.
40세 때 – 여보! 우리가 이 일을 결정하기 전에, 아버지의 의견을 들어봅시다.
50세 때 – 아버님은 훌륭한 분이었어.
60세 때 – 아버님께서 살아 계셨다면, 꼭 조언을 들었을 텐데…….

아버지란 돌아가신 뒤에도 두고두고 그 말씀이 생각나는 사람이다.

아버지란 돌아가신 후에야 보고 싶은 사람이다.

아버지는 결코 무관심한 사람이 아니다.

아버지가 무관심한 것처럼 보이는 것은 체면과 자존심과 미안함 같은 것이 어우러져서 그 마음을 쉽게 나타내지 못하기 때문이다.

아버지의 웃음은 어머니의 웃음의 2배쯤 농도가 진하다.

울음은 열 배쯤 될 것이다.

아들·딸들은 아버지의 수입이 적은 것이나 아버지의 지위가 높지 못한 것에 대해 불만이 있지만 아버지는 그런 마음에 속으로만 운다.

아버지는 가정에서 어른인 체를 해야 하지만 친한 친구나 맘이 통하는 사람을 만나면 소년이 된다.

아버지는 어머니 앞에서는 기도도 안 하지만 혼자 차를 운전하면서는 큰 소리로 기도도 하고 주문을 외기도 하는 사람이다.

어머니의 가슴은 봄과 여름을 왔다 갔다 하지만

아버지의 가슴은 가을과 겨울을 오고간다.

아버지! 뒷동산의 바위 같은 이름이다.

시골 마을의 느티나무 같은 크나큰 이름이다.

'아버지는 누구인가'라는 작자 미상의 글이 소개된 후 독자들의 반응은 너무나 뜨거웠다. 인터넷 접속 조회수가 당일에만 수백 만 건에 달했고, 많은 독자들이 글을 읽은 소회와 아버지에 대한 추억의 댓글을 적어 올렸다.

'너무나 내 마음을 잘 표현했다. 어떤 행동도 필요 없는 가정교육 자료다', '글을 읽자마자 아버지께 전화를 드렸다'는 반응에서부터 '신문을 복사해서 전 부서원이 다 읽었는데 눈물이 나서 업무가 늦어졌다', '수업자료로 쓰고 싶다'는 반응까지…….

네티즌들이 올린 글 중에는 돌아가신 아버지를 추억하는 글들이 많았다.

"왜 우리 아버지는 남보다 훌륭한 사람, 더 돈 많은 사람이 아닐까 원망도 많이 했었다. 결혼 후 조금씩 깨달았다. 아버지 되기가 힘들다는 것을. 천하 불효자식인 나는 아버지 임종도 못 하고 말썽만 피우다 종아리를 맞았다. 이 글을 읽고 나니 한적한 산골짜기 우람한 폭포 아래서 '아버지' 하고 목 놓아 부르고 싶다. 혹 내생이 있다면 다시 태어나 부모·자식으로 만나고 싶다."

“언제나 자식만 위해 최선을 다했던 아버지의 마음을 두 아이의 아버지가 된 다음에야 알게 됐다. 그래도 아버지 묘에 가서 누워 계신 쪽을 향해 귓속말을 건넬 수 있는 나는 행복한 사람이다. 내 자식을 멀리하고 내 아버지와 단둘이 얘기하며 흘리는 눈물의 의미를 지금은 아니지만 언젠가 알게 될 것이다. 내 자식들이…….”

새벽에 신문을 읽은 40대 주부는 “학교에 가는 아이들에게 글을 보여주었고 남편의 아침 식사도 어느 때보다 푸짐하게 준비했다”고 말했다. 40대 중반의 회사원은 “신문에 난 글을 오려서 책상 앞에 붙였다. 우리 아버지의 얘기이면서 동시에 나의 얘기이기도 해 더욱 공감이 갔다”고 말했다.

SBS 라디오 〈이숙영의 파워 FM〉 진행자인 이숙영 씨는 출근길의 청취자들에게 전문을 낭독해 감동을 주었다.

과연 이 글의 원작자는 누구일까. 한 독자는 “미국의 인생 상담 칼럼니스트 앤 랜더스가 쓴 ‘아버지는 무엇으로 만들어졌을까’라는 글이 참고가 되었을 것으로 보인다”고 했다. 그러나 이 글도 30퍼센트 정도만 일치한다.

시를 꼼꼼히 검토한 한 문학평론가는 이렇게 말했다.

“한 사람의 글이 아니다. 단어와 문법이 일정하지 않다.

사람들이 보고 덧붙이는 식으로 완성된 집단 창작으로 보인다. 한마디로 현대판 잠언이다."

그런 점에서 이 글의 원작자는 세상의 모든 아버지들인지도 모르겠다. (2002. 9. 13.)

* 이 글이 신문에 게재된 후 독자들은 폭발적인 반응을 보이며 아버지들의 긍지와 사기를 북돋아주었다. 이로 미뤄보아 그동안 한국의 아버지들이 많이 외로웠던 것 같다.

가장과 월급봉투

마오쩌둥(毛澤東)은 모든 권력은 '총구'에서 나온다고 했지만 대한민국 가장(家長)의 권력은 '월급봉투'에서 나왔다. 월급을 현찰로 받던 1980년대까지만 해도 월급날은 모처럼 남편이 마누라에게 큰소리를 치는 날이었다. 습관적으로 바가지를 긁던 아내도 이날만은 술상을 차려놓고 다소곳이 남편의 귀가를 기다리곤 했다. 하지만 아내들의 이런 조바심을 모른 채 도박이나 음주로 날밤을 새우고 새벽녘에 귀가해 빈 봉투를 내놓는 '간 큰 남편'들도 있었다.

가장의 입장에서 돌이켜보면 '참 좋았던 시절'이었다. 이것저것 떼어내 홀쭉하게 줄어들긴 했지만 월급봉투를 양복 깊숙이 품고 돌아가는 퇴근길은 유난히 발걸음이 가벼웠다. '보통 아내'들은 아예 연말정산이나 연월차수당 제도 자체를 모르고 있던 시절이었다. 어쩌다 입이 싼 동료가 송년회 같은 데서 잘못 발설해 '배달 사고'가 들통 나면 대판 부부 싸움이 벌어지곤 했다.

원 단위 동전 하나까지 지불하려면 경리과 직원들이 며칠씩 고생해야 했다. 월급날 오후가 되면 회사 주위 술집과 음식점 종업원들이 외상값을 받기 위해 쳐들어오고, 그들과 숨바꼭질하는 것도 낯설지 않은 풍경이었다. 하지만 월급 지급 방식이 자동 이체로 바뀌면서 이런 풍경은 사라져갔다. 마누라에게 밀리고 자식들에게 치인 한국 가장의 지위는 월급봉투의 소멸에서 발단(發端)했을지 모른다.

가톨릭 종합 매스컴인 평화방송·평화신문이 급여를 현금으로 지급하는 방식으로 바꿔 화제다. 오지영 사장신부는 "가장의 노고를 온 가족이 고마워하면서 갈수록 위축되는 가장의 위상을 되찾게 해주고 싶다"고 말했다. 가장의 고뇌를 충분히 알 수 없는 사장신부님이 사목(司牧)적 판단에서 이런 '용단(勇斷)'을 내렸다고 하니 더욱 고마운 일이다. (2005. 1. 25.)

* 봉투든 온라인이든 매월 정기적 수입이 있었으면 좋겠다고 생각하는 나이가 되었다.

나이 들어 대접받는 7가지 비결

최근 들어 나이 지긋한 분들의 모임에 갈 때마다 듣게 되는 이야기가 있다. '9988234.' 즉, 99세까지 팔팔하게 살고 이틀만 앓다가 사흘째 되는 날 죽는(死) 것이 가장 행복한 인생이라는 뜻이다. 지난달 작고한 소강 민관식(小岡 閔寬植) 전 대한체육회장의 죽음도 화제가 되곤 한다. 99세는 아니지만 정계, 관계, 체육계 요직을 두루 역임하면서 88세까지 건강하게 살다가 돌아가셨으니 참 복 받은 어른이라는 것이다. 별세 전날에도 지인과 테니스를 잠시 즐겼고, 밤사이 깊은 잠에 빠진 듯이 타계하셨다고 하니 천복(天福)이라고 해도 좋을 것이다.

대부분의 사람은 유감스럽게도 그처럼 행복한 죽음을 맞지 못한다. 암, 치매, 당뇨 등으로 재산 다 날리고 자식들 고생 잔뜩 시킨 뒤 세상을 떠나는 수도 있다. 일평생 욕심 한 번 부리지 않고 성실하게 지냈으나 질병과 사고로 고통 속에서 생을 마감하는 경우는 더욱 안타깝다. 그래서 고통 없이 세상을 떠나게 해달라는 기도를 드리는 이들이 늘고 있고, 품위 있는 죽음을 연구하는 학회도 생겼다.

편안하게 잘 죽는 것 못지않게 중요한 것이 있다. 품위 있고 고상하게 늙어가는 일이다. 직위나 돈이 노년의 품위를 보장해주는 것은 물론 아니다. 누릴 만큼 누렸으나 노추(老醜)에서 벗어나지 못하는 이가 있는 반면, 과거에 연연하지 않으면서 무욕(無慾)과 깔끔한 자기관리로 보기만 해도 절로 고개가 숙여지는 이가 있다.

세상 모든 이치가 그렇듯, '존경받는 노후'를 위해서는 나름대로의 투자와 훈련이 필요하다. 그런 점에서 지난해 말부터 각종 모임을 통해 전파되고 있는 '나이 들어 대접받는 7가지 비결'을 참고할 만하다. 노년의 삶을 업그레이드하는 청량음료 같은 지혜라는 의미에서 '세븐 업(7-UP)'으로 회자된다.

첫째, Clean Up.

나이 들수록 집과 환경을 모두 깨끗이 해야 한다. 분기별로 주변을 정리정돈하고, 자신에게 필요 없는 물건을 과감히 덜어내야 한다. 귀중품이나 패물은 유산으로 남기기보다는 살아생전에 선물로 주는 것이 효과적이고 받는 이의 고마움도 배가된다.

둘째, Dress Up.
항상 용모를 단정히 해 구질구질하다는 소리를 듣지 않도록 해야 한다. 젊은 시절에는 아무 옷이나 입어도 괜찮지만 나이가 들면 비싼 옷을 입어도 좀처럼 태가 나지 않는 법이다.

셋째, Shut Up.
말하기보다는 듣기를 많이 하라는 주문이다. 노인의 장광설과 훈수는 모임의 분위기를 망치고 사람들을 지치게 만든다. 말 대신 박수를 많이 쳐주는 것이 환영받는 비결이다.

넷째, Show Up.
회의나 모임에 부지런히 참석하라. 집에만 칩거하며 대외활동을 기피하면 정신과 육체가 모두 병든다. 동창회나 향우회, 옛 직장 동료 모임 등 익숙한 모임보다는 새로운 사람들과 만나는 이색 모임이 더 좋다.

다섯째, Cheer Up.
언제나 밝고 유쾌한 분위기를 유지하는 것이 좋다. 지혜롭고 활달한 노인은 주변을 활기차게 만든다. 짧으면서도 곰삭은 지혜의 말에다 독창적인 유머 한 가지를 곁들일 수 있으면 더 바랄 것이 없다.

여섯째, Pay Up.
돈이든 일이든 자기 몫을 다해야 한다. 지갑은 열수록, 입은 닫을수록 대접을 받는다. 우선 자신이 즐겁고, 가족과 아랫사람들로부터는 존경과 환영을 받게 될 것이다.

일곱째, Give Up.
포기할 것은 과감하게 포기하라. 가장 중요하다. 이제껏 내 뜻대로 되지 않은 세상만사와 부부·자식 문제가 어느 날 갑자기 기적처럼 변모할 리가 없지 않은가. 되지도 않을 일로 속을 끓이느니 차라리 포기하는 것이 심신과 여생을 편안하게 한다.

여기에 곁들여 하루 한 가지씩 좋은 일을 하고, 하루 10사람을 만나고, 하루 100자를 쓰고, 하루 1000자를 읽으며, 하루 1만 보씩 걷는다면 이보다 더 훌륭한 노년은 없다. 이른바 '1, 10, 100, 1000, 10000의 법칙'이다. (2006. 2. 23.)

세상에서 가장 악성 보험은 자식

결혼식장. 웨딩마치가 울려 퍼지는 가운데 신부의 아버지가 면사포를 쓴 딸을 데리고 입장한다. 신부를 신랑에게 인계한 아버지는 사위의 등을 두드리며 “잘 부탁하네”라는 당부를 남기고 아내에게 달려가 손을 잡고 식장을 나선다. 대기시켜둔 스포츠카에 올라탄 부부는 단둘이 저녁노을이 가득한 바닷가 도로를 달리며 진정한 자유를 만끽한다. ‘50세 이후의 자유’를 내세운 한 생명보험 회사의 CF다. 아비 노릇하기가 점점 힘들어져서 그런가, 볼 때마다 부러운 생각이 든다.

아들이 사업을 하다 진 빚을 갚으려고 자리에서 물러난 명문 사립대 총장에 대해 연민을 느끼는 이가 적지 않다. 아버지가 평생 쌓아올린 공든 탑이 자식 뒷바라지하느라 송두리째 무너지다시피 했기 때문이다. 어디 그 대학 총장뿐이랴. 겉보기에는 무탈해 보여도 자식 문제로 말할 수 없는 고통을 받고 있는 부모가 적지 않다.

집을 넓혀달라는 40대 아들과 며느리의 성화로 아파트 평수를 줄인 부모가 있고, 자녀들 결혼시킬 때마다 더 먼 변두리로 이사 간 부부도 있다. 자식의 빚 때문에 늘그막에 단칸 전세방을 전전하는 이가 있는가 하면, 연금마저 압류당한 이도 있다. 뼈 빠지게 교육시키고 직장까지 얻게 해 결혼까지 시켜주었지만 철딱서니 없는 자식들은 끝까지 부모의 애프터서비스를 요구한다. 자녀들이 태어나 부모에게 준 기쁨은 잠시뿐, 그 대가는 길고 혹독하다.

한국보건사회연구원의 '2006 전국 가족 보건복지 실태조사' 결과에 따르면 한국의 부모 열 명 중 아홉 명가량이 자녀가 대학을 졸업해 혼인하고 취업할 때까지 그리고 그 이후에도 자녀 양육을 책임져야 한다고 생각하는 것으로 나타났다.

자녀가 있는 1만 117가구를 대상으로 양육 책임 시기를 조사한 결과, '대학 졸업 때까지'라는 응답이 46.3퍼센트에 달했다. 이어 '혼인할 때까지'가 27.0퍼센트, '취업할 때까지'가 11.9퍼센트로 뒤를 이었다. 평생 자녀를 책임지겠다는 의미인 '언제(까지)라도'는 5.5퍼센트였다. 선진국 평균인

'고등학교 졸업할 때까지'는 8.6퍼센트에 불과했다. 자녀들에 대한 한국 부모들의 남다른 집착과 희생을 단적으로 보여 주는 수치다.

6·25전쟁 전후 태어난 한국의 '베이비부머' 세대는 우리 사회에서 '효(孝)를 행한 마지막 세대요, 효를 받지 못하는 최초의 세대'가 될 가능성이 높다고 한다. 수명이 늘어나고 직장에서 밀려나는 속도가 빨라지면서 대부분 수입이 없는 노후 30년을 맞게 될 가능성도 있다.

그렇다면 이제 이 세대는 너 나 할 것 없이 언제 어떻게 아름답게 자녀들을 '놓아버릴지' 심각하게 고민해야 한다. "세상에서 가장 악성 보험은 자식"이라는 영국 속담도 있지 않은가.

주변에 지혜롭게 자녀들을 독립시킬 준비를 하는 이들이 있다. '자식들에게 도리는 하되 희생은 하지 않겠다'고 작심한 뒤 실천에 옮기는 것이다. 이들은 우선 집 안의 재정 상태와 월수입에 대한 정확한 실태를 자녀들에게 설명해준다. 부모가 자식들 몰래 끙끙거리면서 무리할 것이 아니라 고통을 분담해야 한다는 것이다. 이 과정에서 부부의 결속과 협조가 무엇보다도 중요하다고 한다.

대학을 마칠 때까지 학비는 대주고 먹고 자는 것은 해결해줄 테니 그 이외의 것은 알아서 해결하라고 통고한 부부도 있다. 성인 자녀의 독립심 고취를 위해 방 청소와 빨래를 해주지 않는 경우도 봤다. "한국의 모든 부모가 더는 망설이지 말고 '지금 당장' 자식에게 들이는 돈을 절반 이하로 줄여야 살아남을 수 있다"고 외치는 이코노미스트도 만났다.

얼마 전에 '경제협력개발기구(OECD) 주요 회원국 중 한국만 유일하게 부모의 소득이 높을수록 자녀와 만나는 횟수가 늘어난다'는 연구 결과가 나온 것도 한국 부모들의 결단을 촉구하는 이유다. (2008. 1. 10.)

* 요즘 한국은, 할머니·할아버지가 자녀는 물론 손주들까지 돌봐야 하는 사회가 되었다.

부끄러움을 가르쳐드립니다

지난 주말 모처럼 가족과 뮤지컬 구경을 갔다가 곤욕을 치렀다. 옆 좌석에 앉은 청년이 시종 발을 앞좌석 뒤에 있는 액정 모니터에 올려놓아 공연에 집중할 수 없었기 때문이다. 3시간 동안 문화의 향기가 아닌 발 냄새를 맡은 셈이다. 화를 벌컥 내며 뛰쳐나오고 싶었으나 간신히 참았다. 다행히 청년은 그리 몰상식한 사람은 아닌 듯했다. 공연이 끝난 후 로비에 나와 조심스럽게 한두 마디 하자 얼굴을 붉힌다. 공연 도중 그를 제지하지 못한 나 자신이 더욱 한심했다.

앞서 다른 공연장에서 생긴 일이다. 자리가 이층 맨 앞쪽이었는데 옆 좌석의 젊은 여성이 난간에 오페라글라스와 팸플릿, 휴대폰을 죽 늘어놓은 것이 불안해 보였다. 공연 도중 2층에서 물건이 떨어져 아래층 관객들이 깜짝 놀라는 것을 목격한 적이 있었기 때문이다. 잠시 망설이다가 "팸플릿 같은 것들이 자칫 아래로 떨어질 수도 있으니 좌석 아래에 내려놓는 것이 어떻겠느냐"고 했더니 불쾌한 내색을 하며 손도 까딱 않는다. 공연 틈새에 휴대폰으로 사진을 찍으면서도 부끄러운 줄 모른다.

얼마 전 한 음식점에서 겪은 일이다. 냉방을 위해 실내 창문을 모두 닫아놓은 좁은 공간에서 남녀노소 30여 명이 빼곡히 둘러 앉아 맛있게 냉면을 먹고 있는데 먼저 식사를 마친 옆 테이블의 20대 여성이 담배를 피워 물었다. 인근 좌석의 나이 지긋한 어른들이 헛기침을 하면서 눈치를 주었으나 개의치 않고 여유만만하게 담배 한 대를 다 피웠다. 담배 연기 때문에 냉면 맛을 제대로 느낄 수 없었다. 하지만 아무도 그녀의 흡연을 제지하지는 못했다. 남성이었더라면 아마 싫은 소리를 들었을 것이다.

어디 공연장과 음식점뿐이겠는가. 지하철, 도서관, 버스 안 같은 공공장소는 물론 인터넷 공간에도 부끄러움을 모르는 행위와 언사가 만연해 있다. 한마디로 우리 사회 전체가 '부끄러움을 모르는 사회'가 되어가고 있는 듯하다. 부끄러움이 무엇인지를 아는 사람은 그래도 개전(改悛)의 여지가 있으나, 그렇지 못한 사람은 정말로 구제 불능이다. 박완서 선생의 소설 제목 『부끄러움을 가르칩니다』를 따와 범국가적 캠페인이라도 해야 할 판이다. (2004. 7. 12.)

* 젊은이들의 행동거지를 지적했다가는 '꼰대' 소리를 듣게 돼 더욱 말을 하지 않게 된다.

세상인심

최근 우연한 기회에 배우 강수연 씨와 이런저런 대화를 나누던 중 그가 갑자기 "어려워져보니 주변이 정리되더라"고 말해 내심 놀랐다. 특히 "도움이 되어줄 줄 알았던 사람이 외면하고, 관심이 없는 줄 알았던 사람이 적극 도와줄 때는 남이 아닌 나 자신을 탓하게 된다"고 했다.

최근 출연작이 없긴 했지만 여전히 '월드 스타'라는 소리를 들을 정도로 예쁘고 도도한 그녀 또한 엄연한 생활인이구나 하는 생각이 들었다. 그 또래 여배우들의 당당한 리더로 영화계와 영화인들이 어려운 일을 당했을 때마다 발 벗고 나서는 그녀가 그런 이야기를 하게 된 데는 뭔지 모르지만 사연이 있어 보였다.

자리를 함께한 유명 로펌의 변호사 한 분도 비슷한 말씀을 하셨다. 기업회생 전문 변호사로 법정관리나 화의 신청을 낸 기업인들과 심층 대화를 나누다 보면 한결같이 세상인심의 변화에 깊은 배신감을 토로한다고 한다. 기업이 잘 나갈 때는 간이라도 빼 줄 것같이 굴던 사람들이 자금 압박을 받는다거나 부도설이 돌면 태도가 확 변해버린다는 것이다.

특히 엊그제까지 "돈이 필요하면 얼마든지 갖다 써라"고 하던 금융기관에서 문전박대를 당할 때와 평소 우호적으로 대해주던 공무원이 혹 자신에게 불똥이 튈까 봐 안면을 바꿀 때는 "정말 세상을 헛살았구나" 하는 자탄이 절로 나온다고 한다.

유명 스포츠용품 전문업체 사장을 지낸 사람이 겪은 실화 한 토막. 그가 사장으로 재직할 때 명절만 되면 거래업체 등으로부터 처치 곤란할 정도로 선물이 들어왔다. 하지만 그가 회사를 그만둔 후 처음으로 맞는 추석에 딱 2개의 선물이 집에 도착했다. 예전에는 감사 전화 한 통 안 하던 그였으나 이번에는 선물을 보낸 사람들에게 직접 전화를 걸었다. 하지만 놀랍게도 그중 한 사람은 그가 사장을 그만둔 줄을 전혀 모르는 상태였고, 오직 한 사람만 마음을 담아 선물을 보낸 것을 알게 됐다.

공직에서 은퇴한 분들을 만나도 그런 소리를 듣는다. 현직 때 혀에 감기듯 잘하던 부하들이 퇴임 후에는 딱 발길을 끊는 사례가 많다는 것이다. 특히 자신이 아끼던 사람이 그런 식으로 나올 때는 배신감을 넘어 분노를 느낀다고 한다. 하지만 현직에 있을 때 별로 잘해준 기억이 없는 이들이 가끔씩 전화를 걸어 식사 대접도 하고 명절에 선물도 보내올 때면 고마운 마음과 함께 "내가 사람 보는 눈이 그것밖에 안 됐었구나" 하고 뉘우치게 된다고 한다.

영국의 한 기업윤리연구소는 선물과 뇌물의 차이점을 세 가지로 구분한다. 첫째 '물건을 받고 잠을 잘 못 이루면 뇌물, 잘 자면 선물'이다. 둘째 '언론에 발표되면 문제가 되는 것은 뇌물, 문제가 안 되는 것은 선물'이다. 셋째 '자리를 바꾸면 못 받는 것은 뇌물, 바꾸어도 받는 것은 선물'이다. 또 선물은 '선뜻 주는 것', 뇌물은 '뇌를 굴리면서 주는 것'이란 우스갯소리도 있다.

일찌감치 세상인심 변화를 겪어본 인사들은 "사람들은 나를 좋아한 것이 아니라 내 자리와 영향력 또는 돈을 사랑한 것"이라고 진단한다. 또 "전임자를 잊어버리는 사람이 정상이고, 기억해주는 사람이 특별한 사람이라고 생각하라"고 당부한다. 골프를 좋아하지만 자리에서 물러나면 자기 능력으로는 칠 수 없을 것 같아 아예 얼마 전부터 아내와 함께 탁구장을 들락거리고 있는 대기업 임원도 있다.

추석이 다가오면서 여기저기 선물이 오가는 모습을 보게 된다. 경기가 좋아졌다지만 보통사람들의 삶은 여전히 팍팍하다. 그래도 주변을 한번 둘러보자. 회사를 떠난 상사는 어떻게 지내고 계신지. 오랫동안 찾아뵙지 못한 은사님은 건강이 어떠신지. 실직 혹은 이혼의 시련을 겪고 있는 친구나 후배는 명절을 어떻게 보낼 계획인지. 특별히 더 어려워진 이웃은 없는지. 그러다 보면 자연스레 선물을 보내야 할 곳이 떠오를 것이다. (2009. 9. 16.)

* 남 탓만 할 게 아니라 나 자신은 어떤지 반성하게 된다.

워즈워드와 서정주

8월 초 평소 친분이 있는 문화예술인들과 함께 영국에 다녀왔다. 영문학의 근원지이다 보니 작가들의 고향 또한 둘러볼 기회도 있었다. 셰익스피어의 고향인 스트래트퍼드 어폰 에이번은 그의 생가와 기념관, 말년 집필실은 물론 처갓집까지 관광자원화해놓고 있었다. 조상 한 사람 잘 든 덕분에 동네 전체가 먹고산다고 해도 과언이 아니었다.

세계 각국에서 온 관광객들은 잘 짜인 동선에 따라 그의 생애와 작품 세계를 훑어보고, 각종 도서와 기념품을 사간다. 매일 저녁이면 1000석이 넘는 셰익스피어 전용 극장에서 그의 작품들이 공연된다. 대극장은 무려 2500억여 원을 들여 보수 공사 중이었다.

'폭풍의 언덕'이 있는 작가 에밀리 브론테의 고향 하워스는 한국의 태백과 같은 광산촌 고지대였다. 성공회 신부를 아버지로 둔 에밀리, 샬럿, 앤 등 브론테 세 자매는 각각 『폭풍의 언덕』, 『제인 에어』, 『아그네스 그레이』 같은 명작들을 남겼다. 하지만 여성은 책을 낼 수 없었던 당시 시대 상황 때문에 생전에 자신들의 이름으로는 책을 내지 못했다.

훗날 서머싯 몸이 자매의 작품을 재조명한 이후 작품의 배경이 된 근처 '폭풍의 언덕'은 문학을 사랑하는 이들의 필수 순례 코스가 됐다. 기념관에는 육필 원고는 물론이고 샬럿 브론테의 머리카락까지 전시돼 있었다.

영국 낭만주의 시인 윌리엄 워즈워스 기념관인 '도브 코티지'가 있는 그래스미어는 호수와 전원이 그림처럼 어우러진 평화로운 마을. 그는 이곳에서 아내, 여동생 등과 함께 8년을 살았다. 거실, 침실, 손님방은 물론 그가 읽던 책, 사진, 여권부터 어린 시절 타던 나무 스케이트까지 보관돼 있다. 워즈워스가 살지 않았더라면 그래스미어는 그저 평범한 호숫가 마을에 불과했을 것이다.

작가 정미경 씨는 "도대체 문학이 무엇이기에 오래전 떠나간 작가들의 흔적을 찾아 이처럼 많은 사람이 몰려오는지 자문해보게 된다"고 말했다.

하지만 기자는 착잡했다. 한 달여 전 취재차 전북 고창에서 거센 빗길을 뚫고 미당(未堂) 시문학관을 방문했을 때의 씁쓸한 기억이 되살아났기 때문이다. 미당의 생가 일대에 있던 폐교 터를 활용해 지은 문학관은 규모와 전시물 자체는 손색이 없었다. 하지만 전시실 맨 마지막 방에 들어갔을 때 눈을 의심하지 않을 수 없었다. 미당의 친일 작품이라며 시, 수필 등 7편을 커다란 액자에 넣어 보란 듯이 전시해놓은 것이다.

화가나 작가의 기념관을 만드는 것은 그들의 허다한 인간적 허물보다는 예술혼과 성취를 더욱 기리기 위해서가 아닌가. 함께 간 여성 수도자는 "친일문학 전시관도 아닌 작가 고향의 기념관에까지 이런 식으로 해놓을 필요가 있느냐"며 눈시울을 붉혔다. 김대중 정부는 미당이 근대문학 발전에 기여한 공로를 기려 그의 영전에 금관문화훈장을 바치지 않았던가.

작가 C 씨는 "미당이 우리 문학과 모국어에 끼친 은혜를 감안할 때 그의 잘못에 대해서는 생시에 당한 모욕과 상처로도 이미 충분하다"고 말했다. 교수 K 씨는 "작은 인물도 크게 기르고, 별것 아닌 장소도 의미 있게 만드는 것이 성숙된 나라와 민족"이라고 유감을 드러냈다.

물론 미당의 행적을 가감 없이 드러내놓는 것이 정당하

다는 주장도 있다. 하지만 셰익스피어나 워즈워스라고 인간적 과오가 없었을까. 제2차 세계대전 중 반미 활동으로 정신병원에 연금된 에즈라 파운드나 친 나치 활동을 한 카라얀에 대해 미국과 독일은 그들의 인간적 과오와 예술적 업적을 전혀 별개로 평가하고 있다. 안타깝게도 영국과 한국의 두 탁월한 서정시인은 시 자체보다는 삶의 궤적으로 조국에서 완전히 다른 대접을 받고 있다. (2009. 8. 25.)

아부의 기술

국내에서 번역 출간된 미국 시사 주간지 〈타임〉 편집장의 저서 『아부의 기술』은 '아부'를 경멸해온 우리의 선입견을 여지없이 깨뜨린다. 저자에 따르면 로널드 레이건이나 빌 클린턴 같은 미국의 인기 대통령은 국민을 상대로 아부를 늘어놓는 대표선수였으며, 백악관은 '아부의 드림팀'이 모인 곳이라고 했다.

'자화자찬의 명수'인 우리 정부와는 사뭇 다르다. 대통령이 국민을 상대로 하는 아부는 최상의 것이라도 결코 비난받을 일이 아니라는 것이 저자의 분석이다.

그는 '아부의 황금률'로 구체적으로 다음 몇 가지를 든다. '그럴듯하게 하라', '누구나 아는 사실은 칭찬하지 말라', '칭찬과 동시에 부탁하지 말라', '의견을 따르되 모든 의견에 무조건 동의하지 말라' 등. 그렇다면 아부는 국어사전에 나와 있는 의미인 '남의 비위를 맞추고 알랑거림'이 아니다

'품격을 갖춘 수준 높은 칭찬 기법'에 해당한다고 할 것이다.

국내 재벌 회사의 최고경영자(CEO)로 장수하고 있는 한 분은 '조직에서 출세하는 비결'로 적당한 실력, 끊임없는 아부, 영원한 오리발을 꼽곤 했다. 다는 아니지만 '윗사람에게 할 말은 해야 한다'라거나 '바른말 하는 사람이 출세한다'라는 얘기는 세상 물정 모르는 사람들이 대책 없이 하는 소리인 경우가 많다는 것이다. 자기 분야에서 성공하고 직장에서 장수하는 분들 중에도 사석에서 그 비슷한 얘기를 하는 분이 적지 않다.

대기업의 나이 지긋한 오너 가운데 한 분은 "귀에 거슬리는 얘기보다는 듣기 좋은 소리를 하는 사람을 더 좋아하는 것이 인지상정 아니냐"라고 얘기한다. 그는 "현명한 사주는 회사 일을 맡길 사람과 같이 술 마시러 다닐 사람을 엄격히 구분한다"는 말도 곁들였다.

사실 요즘이 어떤 세상인가. 업무 능력이 있어야 하지만 오너를 설득할 수 있는 기술도 있어야 고위직에 오를 수 있다. 실제로 오너의 총애를 받는 상사를 모신 조직이 사기가 충만하고, 업무 효율 또한 높은 경우가 많다. 사사건건 윗사람들과 충돌하는 상사는 자신은 물론 아랫사람들까지도 힘들게 한다. 그런 점에서 국내 굴지 재벌기업의 2인자 소리를 듣던 기업인의 처세술을 한번 음미해볼 만하다. 그는 '제왕(帝王)' 소리를 듣던 회장의 무모한 사업 계획이나 대책 없는 지시에 대해 면전에서는 한 번도 이의를 제기하지 않았다고 한다.

대신 단둘이 있는 자리에서 '이런저런 문제점도 있을 수 있다'는 것을 공손하고 논리적으로 설명했다고 한다. 나중에는 회장도 그가 공개적인 회의석상에서 가타부타 아무런 말이 없을 때는 "나 좀 봐" 하고 별실로 불러 "무슨 문제가 있느냐?"고 묻는 등 배려를 했다고 한다.

아쉬운 것은 한국 사회와 학교에서 이런 '인생의 실용적 지혜'를 가르치는 데 인색하다는 점이다. 살아남아 가문과 나라를 유지하기보다는 죽더라도 할 말은 한 분들을 '만고의 충신'으로 떠받들어온 역사적 전통 때문이 아닐까? 그렇다고 해서 그런 분들을 깎아내리자는 얘기는 물론 아니다. 현실적이고 실용적인 새로운 롤 모델을 발굴하고 이상과 현실의 차이를 줄여나가야 젊은이들의 가치관 혼란을 막을 수 있다는 의미다.

공자는 나이 60을 이순(耳順)이라고 했다. 무슨 말을 들어도 고깝지 않고 원만하게 받아들일 수 있는 경지라는 뜻일

게다. 그러나 모든 사람이 다 공자 같은 성현일 수는 없다. 사석에서 점잖은 어른들로부터도 "이전에는 한 귀로 듣고 한 귀로 흘려버리던 이야기들도 나이가 들면 섭섭하고 고깝게 들리는 경우가 많다"는 얘기를 듣곤 한다.

나이 50이 넘어서야 어렴풋이 '아부의 효용'과 '이순의 속내'를 알아차렸으나 행동으로 옮길 수 있을지는 여전히 자신이 없다. (2007. 2. 7.)

인생의
세 가지 불행

독일인들은 장수(長壽)의 3대 비결로 '좋은 아내, 훌륭한 주치의, 젊은이와의 대화'를 꼽는다. 좋은 아내는 원만한 성(性)생활과 섭생(攝生)을 보장하고, 훌륭한 주치의는 건강을 담보하며, 젊은이와의 대화는 삶에 생기를 불어넣는다는 것이다.

젊어서 돈을 많이 벌었거나 높은 자리에 올랐던 인사 중에는 쓸쓸한 노후를 보내는 이가 의외로 많다. 하지만 사람들은 그들의 '좋았던 시절'만을 기억할 뿐 그 후의 '고독한 삶'에 대해서는 잘 모른다. 젊어서 잘나가던 사람보다는 나이 들어 존경받는 사람이 진정 행복한 사람이다.

인생에는 3대 악재(惡材)가 있다고 한다.

첫째, '초년출세(初年出世)'다. 젊어서 출세한 사람은 종종 독선과 아집에 빠지거나 교만해지기 쉽다. 또 여생(餘生) 내

내 과거만을 추억해야 하는 경우도 있다. 24세에 올림픽 최고기록으로 베를린 올림픽을 제패했던 고(故) 손기정 선생은 그 후 60여 년 동안 금메달을 땄다는 영광의 기억과 일장기를 달고 뛰었다는 회한에서 벗어나기 힘들었을 듯싶다.

30대 초반에 '황태자' 또는 '소통령(小統領)' 소리를 들으며 대단한 위세를 부렸던 전직 대통령 아들의 행로는 그 후 결코 순탄치 못했다. 50대 중반쯤 인생의 정점(頂點)에 서고, 60대에는 관록으로 대접받으며, 이후 원로로서 사람들의 기억 속에서 서서히 잊혀가는 것이 가장 바람직한 인생이 아닐까.

둘째, '중년상처(中年喪妻)'다. 40, 50대에 배우자를 잃게 되는 경우로, 젊어서 배우자와 갈라서거나 60대 이후 사별하는 것보다 훨씬 큰 충격을 받게 된다. 자식들이 미처 성장하지도 않은 상태에서 이런 일을 당하면 아이들 교육과 결혼은 물론 자신의 삶마저 엉망이 돼버린다.

이런 봉변을 하지 않으려면 부부가 가정의 중심이 돼야 한다. 자식을 위해서 모든 것을 양보하거나 희생하지 말고 부부 위주로 가정을 꾸려나가는 것이 좋다. 남편이 아내를 존중해주고, 아내가 남편을 가정의 중심으로 대접해줄 때 부부가 해로(偕老)할 수 있고, 아이들도 비로소 부모를 섬기게 된다.

셋째, '노년빈곤(老年貧困)'이다. 자식들 모두 공부시키고 결혼까지 시켰지만 재산이 없는 경우다. 젊어서의 고생과 가난은 인생의 자양분이 될 수도 있으나 노년의 빈곤은 노추(老醜)를 가져올 뿐이다. 불행한 일이다.

노년빈곤을 막기 위해서는 우선 건강해야 한다. 골프와 같이 돈이 많이 들어가는 취미가 아니라 등산, 영화 감상, 미술관 순례와 같이 돈 적게 드는 건전한 취미를 가져야 한다. 노년에 허심탄회하게 어울릴 수 있는 오래되고 맛깔스러운 장 같은 친구 또한 필수다. 자리와 비즈니스로 만난 친구는 은퇴와 동시에 멀어지기 마련이다.

어느덧 오십 줄에 접어들어 여생을 생각하게 된다. '초년출세'는 감히 꿈도 꾸지 못했고 '중년상처'는 면했으니 '노년빈곤'에만 대비하면 된다.

매일 아침 뒷산에 오르고, 금연·절주하며, 오래된 벗들과 자주 어울리는 것으로 여생을 대비한다. 필부(匹夫)로서는 최선의 노후 대비인 셈이다. (2005. 2. 1.)

* 결국 '노년빈곤'에는 제대로 대처하지 못하는 경우가 많은 것 같다.

좌우명 세 가지

살다 보면 이런저런 좌우명들을 보거나 듣게 된다. 신선하고 감동적이어서 힘과 위로를 받게 되는 메시지도 있지만, 때론 너무 거창하거나 번지르르해 차라리 안 보고 안 들은 것만 못한 메시지도 있다. 촌철살인과도 같이 폐부를 찌르는 메시지를 만날 때는 정신이 번쩍 들면서 나를 되돌아보게 되고, 허무주의적인 메시지를 만나면 느닷없이 삶에 대한 회의가 밀려온다. 평소 주변에서 보고 기억해둔 내 나름의 의미 있는 좌우명 세 가지를 소개한다.

'생긴 대로 살자'

참한 후배 여기자의 책상 위에 있는 문구다. 어느 전시회에 출품된 작품이라고 한다. 곱씹어볼수록 의미심장한 내용이다. 물론 성형수술을 하지 말자는 의미가 아니라, 자신의 개성과 분수에 맞게 살자는 말일 것이다. 그렇다 많은 경우 불행의 대부분은 자신을 남과 비교하고 따라 하는 데서 비롯된다. '아류'와 '짝퉁'은 결코 명품이 아닌데도 말이다. 돈, 학벌, 용모 등 오늘의 한국인들을 괴롭히는 핵심 요소들은 모두 재벌, 수재, 연예인 등과 자신을 비교하는 데서 비롯된다.

세계 10위의 경제대국이고, 베이징 올림픽에서 종합순위 7위를 기록한 한국인의 행복지수가 형편없이 낮은 것도 결국은 '생긴 대로 살지 못하는' 한국인의 속성 때문일 것이다. 한국을 잘 아는 어느 외국인이 "한국 사람은 배고픈 것은 참아도 배 아픈 것은 못 참는다"고 한 것은 한국인의 이런 성향을 족집게처럼 집어낸 말이다.

후배 기자는 "불교에서 천상천하 유아독존이라는 말씀이 있는 것처럼 사람은 누구나 하나의 우주나 다름없다고 생각한다"며 "남을 닮으려 하거나 따라 하지 말고 내 개성대로 사는 것이 인생의 행복이라는 의미로 새기고 있다"고 말했다.

'나보다 못한 사람은 없다'

「각시탈」, 「타짜」, 「식객」 등으로 팬들의 사랑을 받고 있는 만화가 허영만 화백의 서울 강남구 자곡동 화실 책상 옆 벽면에 붙어 있는 문구다. 10여 년 전 허 화백이 직접 사인펜으로 쓴 것이라고 한다. 당시 한창 히트작을 내놓고 있던 허 화백은 어느 날 불현듯 남을 무시하곤 하는 자신을 발견한 뒤 이 문구를 써 붙였다고 한다.

허 화백은 "어릴 때부터 이상하게 주위 사람들로부터 건방지다는 소리를 듣곤 했는데 여수 촌놈이 서울에 올라와 인기 만화가가 되다 보니 주변에서 이러쿵저러쿵 소리가 들려와 내 스스로에게 겸손해야 한다는 다짐을 하면서 좌우명으로 삼고 있다"고 말했다. 요즘도 오만해지고 있다는 생각이 들 때마다 이 문구를 보며 자신을 들여다본다고 한다.

그가 무시해서 안 될 대상으로 삼고 있는 것은 비단 동료 만화가들뿐만이 아니다. 아무리 하찮은 일을 하는 사람도 반드시 한두 가지는 나보다 나은 점이 있으며, 심지어 '타짜'나 '건달'의 세계에서도 뭔가는 배울 대목이 있더라는 것이다. 나는 허 화백이 책상 옆의 좌우명 문구를 수시로 되새기는 한 그의 만화는 오래도록 팬들의 사랑을 받게 될 것이라고 확신한다.

‘부자로 죽지 말고, 부자로 살아라’

평소 즐겨 가는 서울 종로구 신문로의 한 음식점 2층 벽 귀퉁이에 적혀 있는 문구다. 어느 유명 광고회사 사장이 친필로 적어놓고 간 것이라고 한다. 부자가 아니더라도 곰곰 음미해볼 만한 문구다. 나누고 베풀어야 할 것은 비단 물질만이 아니다. 정신, 지식, 재주, 봉사 등으로도 얼마든지 ‘베푸는 부자’의 삶을 살아갈 수 있다.

요즘은 기부 문화에 대한 인식이 많이 달라졌지만 아직도 우리 주위에는 죽을 때까지 모든 재산을 움켜쥐고 있다가 세상을 떠나는 사람들이 많다. 그러다 보니 부를 축적한 세대가 세상을 떠난 후 유산 상속을 둘러싸고 자식들이 남남처럼 멀어지는 사례도 수두룩하다.

부자들은 말한다. “거저 부자가 된 사람이 어디 있느냐. 또 부를 유지하기가 얼마나 어려운지 짐작이나 하느냐”고. 가난한 이들은 이렇게 반박한다. “부자가 되고 싶지 않은 사람이 어디 있느냐. 하지만 노력한다고 해서 부자가 되는 것은 결코 아니다”라고. 모두 일리가 있는 말이다. 어찌됐든 부자가 되기도 힘들지만, 부자로 사는 것도 어렵다. 무엇보다 부자로 죽는 것은 그야말로 어리석은 일이다. (2008. 9. 25.)

예술의전당 20년과 역대 대통령

서울 서초구 서초동 우면산(牛眠山) 자락의 예술의전당에 갈 때마다 역대 대통령과 문화예술의 관계를 떠올리게 된다. 특히 군(軍) 출신인 전두환, 노태우 두 대통령이 예술의전당 건립과 발전의 초석을 놓은 사실이 흥미롭다. 그들이 아니었더라면 오늘의 예술의전당은 존재할 수 없었을지도 모른다.

전 대통령은 퇴임 열흘 전인 1988년 2월 15일 음악당과 서예관 개관 테이프를 끊어 예술의전당 시대의 개막을 알렸다. 노 대통령 역시 퇴임 열흘 전인 1993년 2월 15일 서둘러 오페라하우스 개관식을 거행했다. 두 대통령은 예술의전당 건립이 자신의 주요 치적으로 기록되기를 바랐을 것이다. 하지만 그들이 진정 사랑한 것은 문화예술이 아니라 건축물로서의 예술의전당이었을 뿐이다.

건축가 김석철이 설계한 예술의전당은 현재 음악당, 오페라하우스, 한가람미술관 등 7개의 공연·전시·교육시설을 갖추고 있다. 연간 2500여 회의 예술 행사가 열리고, 200만 명의 관람객이 드나든다. 자정 가까이 앙코르 곡과 팬 사인회가 이어지는 날도 있다. 하지만 1984년 11월 착공 때만 해도 관계자들은 "과연 이 산골까지 관객이 찾아올까"를 고민했을 정도로 외진 곳이었다.

예술의전당은 개관 20주년을 앞두고 20주년 기념 행사의 로고와 슬로건 '뷰티풀 라이프(Beautiful Life)' 선포식을 겸한 콘서트를 열었다. 노무현 대통령 내외와 국무위원, 역대 예술의전당 사장, 문화예술계 인사들이 초청된 뜻 깊은 자리였다. 초청 인사들은 아시아 굴지의 복합 문화예술 공간으로 자리매김한 예술의전당의 성장에 가슴 뿌듯한 자부심을 느꼈다. 한 관객은 "나를 키운 건 8할이 예술의전당"이라고 말할 정도다.

20년간 전당에서 빚어진 에피소드도 적지 않다. 2001년 어느 날 오페라하우스 1층 로비에 철가방을 든 중국집 배달원이 나타나 "짜장면 시키신 분"을 외쳐대는 바람에 직원들을 경악하게 했다. 2004년 소프라노 바버라 보니 내한 공연 때는 50대 여성이 콘서트홀에 애완견을 몰래 데리고 들어갔다가 주변 사람들의 항의로 적발된 엽기적 사건이 발생했다.

2005년 여름 〈오페라의 유령〉 공연 때는 어린이가 입장을 못 하게 되자 30대 초반의 어머니가 문을 붙잡고 40여 분간이나 고함을 치며 소동을 벌이는 바람에 문을 연 채로 공연이 시작됐다. 강아지를 데리고 콘서트홀로 들어가려던 귀부인을 제지하자 "이 강아지는 나와 늘 클래식 음악을 들었기 때문에 웬만한 관객보다 낫다"며 소동을 부린 적도 있다.

2001년 런던 필하모닉 오케스트라 내한 공연은 지휘자인 쿠르트 마주어가 첫날 공연 후 심장 통증으로 다음 날 연주에 차질을 빚는 바람에 전당 측이 전 세계를 수소문해 마침 일본에 와 있던 상트페테르부르크 상임지휘자 유리 테미르카노프를 찾아내 대신 지휘봉을 맡기는 아찔한 순간도 있었다.

2002년 6월 세계적 안무가인 나초 두아토가 이끄는 스페인국립무용단은 공연 첫날 벌어진 한국과 스페인의 월드컵 축구 8강 대결로 고작 150명의 관객 앞에서 공연하는 '굴욕'을 당하기도 했다.

유감스럽지만 문민(文民) 대통령 중에도 진정한 문화예술애호가는 없었다. 김영삼 대통령은 〈명성황후〉와 〈신년음악회〉 참석을 위해 두 번, 김대중 대통령은 국제올림픽위원회(IOC) 서울총회 기념공연과 송년음악회 미술 전시 관람 등을 위해 세 차례 예술의전당을 방문했을 뿐이다. 노무현 대통령도 두 번에 그쳤다.

솔직히 제17대 대통령 주요 후보 중에도 문화 가인드가 있어 보이는 인물은 없다. 어쩌겠는가. 우리 정치가 아직 그 정도 수준인 것을. 다만 차기 대통령은 좀 더 자주 예술의전당에 들러 국사(國事)에 지친 머리를 식히면서 문화예술의 향기를 만끽할 수 있게 되기를 바란다. 나라의 격(格)이 올라가고 정치와 사회도 훨씬 부드러워질 것이다. (2007. 11. 29.)

* 후임 대통령들도 문화적 소양이 전임 대통령들과 큰 차이가 나는 것 같지는 않다.

5

가족 이야기

“일어나 뭘 좀 먹어라, 네 갈 길이 아직 멀었다”

나는 중학교 입시부터 시작해 7전 8기 끝에 연세대 신문방송학과 2학년에 편입학했다. 집안 살림이 어렵고, 빚잔치를 많이 하는 바람에 지금까지 40여 차례나 이사를 다녔다. 20세에 실향민인 아버지가 돌아가시는 바람에 가장 노릇을 하며 대학에 다녀야 했고, 15전 16기 끝에 가까스로 신문사에 입사했다. 중학교 1학년 때 같은 반 친구의 권유로 교회에 다니기 시작해 20대 후반에서야 세례를 받았고, 나이 30에 집사 직분을 받았으나 신앙생활은 제대로 하지 못했다. 하지만 나는 ‘항상 기뻐하라. 쉬지 말고 기도하라. 범사에 감사하라(데살로니가 전서 5장 16~18절)’는 성경 말씀을 늘 가슴에 새기고 다녔다.

이만하면 충분히 고생했다고 생각하면서 취업과 결혼을 모두 이룬 30세 이후 내 인생은 평탄하리라고 믿었다. 20년은 그랬다. 하지만 50대 들어 이런저런 일들로 ‘우울의 늪’

을 4~5차례나 들락거려 지난 10여 년을 혹독한 고통 속에서 지냈다. 우울의 늪에 빠져 집 안에 틀어박혀 외부와의 소통을 일절 끊고 지낼 때 주위 사람들이 "하나님께서 당신을 더 크게 쓰시기 위해 시련과 고통을 주시는 것"이라며 위로할 때마다 너무나 짜증이 났다. "아, 됐어요. 나 자수성가해 큰 언론사 문화부장에 논설위원, 국장까지 역임했으니 됐어요. 저는 좀 편하고 행복하면 안 됩니까"라고 반박했다.

몇 년 전 정말 아무런 이유도 없이 다시 우울의 늪에 빠졌을 때였다. 우울을 심하게 앓아본 분들은 아시겠지만 이 병의 '습격'을 받으면 아무것도 할 수 없고, 제대로 먹지도 못하고, 소통도 하지 않으며, 사람들을 만나러 다니지도 않는다. 그래서 우울은 어떤 의미에서는 암보다 더 고통스럽다. 원인을 찾아낼 수 없고, 수술도 할 수 없으며, 약의 효과도 측정할 수 없기 때문이다. 신경정신과 진료, 심리 상담, 기도와 치유집회, 양방과 한방, 지압과 기(氣)치료 등 할 수 있는 건 뭐든 다 해보았지만 내 우울은 깊어만 갔다. 나는 "항상 슬퍼하고, 쉬지 않고 불평하며, 범사에 불만스러운" 상태로 변했다.

2014년 몹시도 무더웠던 여름 어느 날, 카톡 메시지 하나가 “톡” 하고 날아들었다. 얼굴도 모르는 연세 대학교회 김진미 전도사님이 누군가로부터 내 소식을 듣고 보낸 메시지였다. 또 그렇고 그런 성경 말씀이겠거니 생각하다 무심코 메시지를 열었다. 순간, 정신이 번쩍 들었다. ‘일어나 뭘 좀 먹어라. 네 갈 길이 멀었다(열왕기상 19장 7절).’ 나는 정말 너무 놀라 뒤로 자빠질 뻔했다. 성경에 정말 이런 말씀이 있다고? 내가 이래 보여도 서너 번 성경을 통독하고, 4복음서는 필사도 한 사람인데…. 허겁지겁 자리에서 일어나 성경책을 펼쳤다. 있었다. 유레카(Eureka)!!!

방구석에 처박혀 밥도 안 먹고 오후를 맞은 나는 허겁지겁 밥통을 열고 계란프라이를 부치고 냉장고에서 김치를 꺼내 밥을 먹었다. 지금 생각하면 하나님께서 김진미 전도사님을 통해 내게 구원의 손길을 뻗치신 것이었다. ‘기적과도 같은’ 이 말씀 하나로 나는 서서히 회복하기 시작했다. 하지만 2015년 여름, 나는 다시 느닷없이 우울로 빠져들었다.

그렇지만 2017년 5월 말 김진미 전도사님이 대학교회를 떠나실 때까지 매주 화요일 어김없이 성경 말씀이 도착했다. 그것은 내가 외부와 소통하는 유일한 통로였다.

지난 10년여 동안 나는 정말 ‘고난의 행군’을 이어왔다. 2013년 8월 말 30년간 전력을 다해 일해온 동아일보를 정년퇴직했다. 이때 이미 '허망한 과거의 영광'과 '준비 없는 암담한 미래'로 심신이 아주 지쳐 있었다. 백수 상태로 그럭저럭 버텨가던 중 2016년 2월 20일 전세 들어 살던 동부이촌동 신동아아파트 아랫집에서 불이 나 우리 집도 전소되다시피 했고, 부모를 먼저 대피시키기 위해 애쓰던 아들은 10m 아래로 추락해 척추를 크게 다쳤다. 하지만 피해 보상을 한 푼도 받지 못했다.

엎친 데 덮친 격으로 미국 애틀랜타에서 목회를 하던 50년 절친 정인수 목사가 캄보디아 선교를 마치고 한국에 와서 출판기념회를 한 뒤 미국으로 돌아간 다음 날 심장마비로 돌연사했다. 이후 나는 전화 등 외부와의 소통을 완전히 끊고 집에서만 칩거했다.

하나님은 나를 버리지 않으셨겠지만 나는 하나님을 떠났고 교회에도 발길을 끊었다. 방에 틀어박혀 "하나님 해도 해도 정말 너무 하신 거 아닙니까. 제가 뭘 그렇게 잘못했습니까. 이렇게 힘들 때 저를 당신께 인도한 50년 절친은 왜 또 데려가십니까"하고 따졌다.

이 와중에 부득이한 사정으로 30년 재직한 동아일보사에도 알리지 않고 딸의 '도둑 혼사'를 '스몰 웨딩'으로 치렀고, 백내장으로 두 눈을 차례로 수술했다. 하지만 2016년 11월, 결혼 직후 영국으로 F1 박사과정을 밟기 위해 떠난 사위와 딸의 초청으로 2주간 영국에 다녀오면서 '기적적'으로 소통과 회복의 모멘텀을 마련했다.

2016년 12월 10일, 2년여 만에 대학교회 주일예배에 참석했다. 교우들이 반갑게 맞아주셨다. 나는 아무 일도 없었던 것처럼 다시 신앙생활을 하고 있다. 두말할 것 없이 이 모든 게 하나님의 은총이다. 날 위해 기도하고 염려해준 지인들에게 새해 들어 이런 메시지를 보냈다.

"하나님의 은혜로 다시 세상에 나와 사람들과 만나고, 아침에 일어나 세수하고, 삼시 세 끼 식사하고, 이 닦고 샤워하고 자정경 잠자리에 드는 삶, 그리고 음악 듣고 영화 보고, 신문과 책 읽는 '일상성 회복'이야말로 감사할 일입니다."

존경하는 고은아 권사님께서 이 메시지를 보고 답을 주셨다.

"… 하루하루를 살아가는 게 아니라 살아낸다는 느낌을 저는 받을 때가 많습니다. 가나안을 위해선 광야가 필수라 말하지만, 그래도 광야를 지나는 건 싫습니다. 싫어도 지나가라 하시니 모두들 지나가겠죠. 그 길에서 만난 여호와의 인자하심과 긍휼하심이 우리를 다시 걷게 하시는 것 같습니다."

각계각층에서 크게 활약하는 고교 후배들과의 단톡방에는 최근 그런 메시지를 보냈다.

"나는 정말 솔직하게, 10년간 우울의 늪을 들락날락하며 모진 고통을 받았으면서도 아직도 내 커리어와 못다 한 성취, 고독한 현실, 대책이 없는 미래를 걱정하는 사람입니다. 하지만 지난 2년여 동안 느닷없는 화재와 현장에서 추락한 아들의 중상 및 후유 장애, 불을 낸 피의자의 잠적과 피해보상 회피, 이로 말미암은 재정 파탄과 연희동 산동네 이사, 50년 절친의 돌연사 등으로 이어지는 환난을 이겨내고 기적적으로 다시 우울의 늪 밖으로 빠져나왔습니다."

"우리 중 누군가가 정말 힘들고 외롭고 고통스러울 때, 직위와 재력 등으로 연결됐던 관계가 끝났을 때, 끈 다 떨어졌을 때, 진솔하게 토로하고 모두 '벌 떼같이' 달려들어 위로하고 도와주는 그런 사이가 되기를 저는 간절히 소망합니다. 그것이 제가 10년여 동안 우울과 싸워 이기고 지기를 반복하며 얻은 결론입니다. 돈, 명예, 권력, 조직, 그리고 심지어 가족까지도 여러분을 진정으로 구원하지 못합니다. 서서히 알고 깨닫게 될 겁니다."

나는 요즘, 하나님의 은혜로 "항상 기뻐하고, 쉬지 않고 기도하며, 범사에 감사하면서" 산다!

고3 아들,
중3 딸

"당신, 1000만 원 정도는 융자받아 줄 수 있지?"

올해 초 아내가 조심스럽게 남편에게 물었다.

"왜?"

"응. 애들이 이제 고3, 중3이 되니까 아무래도 과외비가 많이 들어가게 돼서……."

"내 수입의 절반 이상을 애들 교육비로 쏟아 넣으면서 그래도 부족해? 고액 과외 시킨다고 애들 성적이 그에 비례해 오르지도 않을 텐데……. 욕심 좀 부리지 마."

"남들은 집 팔아 조기유학도 보내는데, 그 정도도 못 해 줘…?"

서울 강북의 36평 아파트에 사는 어느 부부의 '입시장정(入試長征)'은 이렇게 시작됐다. 동료에게 아내와의 갈등을 얘기했다가 "간이 배 밖으로 나왔다"는 질타를 받은 남편은 어쩔 수 없이 아내의 요구를 들어주었지만 그 후로도 몇 차례 아내의 '독촉'에 시달렸다. 부부는 지난 10개월여 동안 수없이 충돌하고 일시 화해하며 고3 아들과 중3 딸을 상전(上典)으로 떠받들어 모셨다.

고3 아들은 영화감독 지망생이다. 다른 과목은 그럭저럭 괜찮은데 수학 때문에 고생이다. 수학을 못해 7전 8기 끝에 가까스로 대학에 진학한 아빠는 그래서 아들에게 늘 죄책감을 느낀다. 올해 들어 비로소 강남에서 부족한 과목에 대한 과외를 받기 시작했으니 이 또한 부모의 책임일 것이다. 자수성가한 아빠는 아들이 '문제작'보다는 '흥행작'을 만들어 편안하고 안락하게 살기를 바란다.

중3 딸은 외국어고 진학을 목표로 하고 있다. 새벽 1, 2시까지 학원에서 공부를 하고 오는 악바리다. 수학과 과학을 잘하지만 책 읽기를 싫어한다. 학교에서 학생 본인과 학부모의 장래 희망을 적어 오라는 가정통신문이 왔을 때 딸은 '앵커우먼'과 '교수'를 써냈지만 아빠는 '현모양처(賢母良妻)'라고 적었다. 아빠는 딸이 재원(才媛)으로 불리기보다는 반듯하다는 얘기를 듣기를 더 원한다.

아내는 요즘 매일 새벽 4시 반에 일어나 교회 새벽기도에 간다. 그의 기도 중에 자신을 위한 내용은 하나도 없다는 것을 가족 모두가 안다. 오전 6시 반에 아들을 깨워 아침을 먹인 뒤 학교에 데려다주고, 7시 반부터는 딸과의 '등교전쟁'에 들어간다. 20분은 깨워야 자리에서 일어나고, 자신을 하녀 부리듯 하는 딸에게 엄마는 화 한 번 내지 않는다. 아내가 딸을 데려다주기 위해 집을 나서면 남편은 혼자 밥을 챙겨 먹고 출근한다. 저녁에는 또 '학원 택배'가 이어진다. 아이들이 학원에서 돌아오기 전까지 엄마는 제대로 자리에 눕지 못한다.

남편이 올해 가족을 위해 한 일이란 직장에서 쫓겨나지 않기 위해 열심히 일한 것과 매일 아침 집 뒷산에 올라 아들과 딸, 아내를 위해 잠깐씩 기도한 것이 전부다. 그가 순수하게 자신을 위해 투자한 돈은 매달 20만~30만여 원에 불과하다. 이제껏 복권 같은 것은 거들떠보지도 않았던 그가 올해 들어 남몰래 로또 복권을 사고, 주말마다 행여 누가 볼세라 숨어서 당첨번호를 맞춰보곤 하는 것은 아무도 모른다. (2003. 10. 28.)

군에 간 아들에게

크리스마스 다음 날. 육군 현역병으로 입대하기 위해 박박 깎은 머리를 매만지며 집을 나서는 스물한 살의 너를 전송하며 만감이 교차했다. 엄마가 심한 몸살을 앓고 있으면서도 어떻게 해서든 직접 차를 몰아 집결지인 논산까지 바래다주고 싶어 했지만 너는 부모의 동행이 되레 부담스러웠던 듯 여동생과 함께 고속버스 편으로 내려갔다.

솔직히 아비는 당초부터 너를 데려다줄 생각이 없었다. 훈련소로 향하는 네 뒷모습을 보면서 분명 눈시울을 적시게 될 내 연약함이 걱정스러웠고, 집으로 돌아오는 차 안에서 네 엄마가 수시로 낼 훌쩍거리는 소리도 듣기 싫어서였을 것이다.

또 입대를 한 달여 앞두고 이따금씩 "이제 내 청춘은 끝났다"며 심란해하는 너를 보면서 결코 마음이 편치 않았던 것도 사실이다. 그런 네가 마음에 걸려 집과 직장 근처 교회에서 매일 기도를 하곤 했다.

너 역시 군 복무 기간 단축과 같은 '선심성 대선 공약'들이 매스컴을 장식할 때 입대하게 돼 무척 혼란스러웠을 것이다. 나라의 지도자들은 국가의 부름을 받고 자진 입대한 젊은이들에게 긍지를 심어주고, 엄동설한에 자식을 군대에 보낸 뒤 밤새 뒤척이는 부모의 마음도 헤아려줄 수 있어야 하는데 정말 안타깝다.

아비는 네가 이런저런 헛소리에 흔들림 없이 일단 24개월 만기 복무를 마치겠다는 마음가짐으로 훈련과 복무에 임해주기를 바란다.

공직자는 아니지만 보충역으로 군에 다녀온 것이 늘 마음에 걸렸던 아비는 아들이 반드시 장교나 현역병으로 군에 가는 걸 보고 싶었다. 그런 점에서 언론인은 준(準)공인이나 다름없다고 생각해온 이 아비는 네가 편법으로 군 복무를 기피하거나 단축하려 들지 않고 당당히 현역병으로 입영한 것을 정말 고맙게 여긴단다.

이른바 '햇볕정책'이란 것이 시작될 때부터 아비는 평화공존과 남북 화해도 좋지만 국가 지도자는 혈기 왕성한 젊은이들이 자신의 청춘을 2년 넘게 병영에서 보내며 땡볕과

혹한 속에서 매복 또는 보초를 서는 데 대한 분명한 이유와 목적을 설명해줄 수 있어야 한다고 강조해왔다.

자신이 군 복무를 함으로써 우리 경제가 발전하고, 가족이 발 뻗고 잘 수 있으며, 사회가 군 제대자를 우대해준다는 확신이 들어야만 병사들이 졸음과 추위를 참아낼 수 있다고 믿기 때문이다.

훈련을 마친 후 어느 곳에 배치될는지에 대해서는 너무 염두에 두지 마라. 남들이 모두 부러워하는 임지나 보직에서도 의외의 어려움을 겪을 수 있고, 최전방 골짜기엘 가더라도 훌륭한 상관과 좋은 전우들을 만나면 가족 못잖은 전우애를 느끼며 보람차게 지낼 수 있는 것이 군 생활이다.

더구나 너는 영화감독을 지망하는 영화학도니만치 군대에서 많은 작품의 소재를 발굴해내고, 다양한 유형의 캐릭터도 만날 수 있을 것이다. 또 인간의 본성과 집단생활에 대한 관찰로 영화적 깊이와 넓이도 더할 수 있을 것으로 기대한다.

아비가 아는 사람 중에는 공부에 도통 관심이 없던 아들이 제대 후 뒤늦게 학업의 중요성을 깨닫고 면학에 나서 영국 대학으로 유학 간 사례를 말하면서 “국방부 앞에 가서 절이라도 하고 싶다”며 고마워하는 이도 있다.

네가 훈련소에 입소한 지 꼭 사흘째로구나. 무척 힘든 때일 것이다. 하지만 네 말마따나 그동안 몇몇 영화 촬영 현장의 말단 스태프로 겪은 고생을 생각하면 힘든 훈련도 능히 견뎌낼 수 있을 것이다. 많은 이들이 네 건강과 안위를 위해 기도한다는 사실도 잊지 말아라.

아비가 이 순간 네게 해줄 수 있는 말은 오직 이 한마디뿐이다. "피할 수 없다면 즐겨라." 그래야만 결코 '썩지 않고' 성숙해진 모습으로 군 복무를 마치게 될 것이다. (2006. 12. 27.)

딸의 숙제와 '48년 체제'

어느 날 저녁 고교 1학년에 재학 중인 딸이 느닷없이 물었다.

"아빠, '동백림(東伯林) 사건'이 뭐예요?"

"갑자기 왜 그 사건이 궁금해졌니?"

"학교 숙제예요. 수행평가로 성적에도 반영돼요."

한국 현대사의 민감한 사건에 대한 기자 아빠의 명쾌한 설명을 기다리는 딸을 앞에 두고 머릿속이 복잡해지기 시작했다.

"여고 1학년의 수행평가 과제로는 다소 부적절한 것 같구나. 혹 다른 과제는 내주시지 않던……."

"아 예, 있어요."

다행이다 싶어 딸의 수첩을 들여다봤더니 더 깜짝 놀랄 일이 기다리고 있었다. '제주 4·3항쟁', '반민특위', '거창 양민학살 사건', '진보당 사건', '베트남전쟁과 한국', '인혁당 사건' 등 13개 수행과제가 빼곡히 적혀 있었던 것이다. 담당 과목 선생님이 학생들이 좋아하는 실력 있는 교사라는 얘기를 듣고는 더욱 고민에 빠졌다.

교과과정에도 없는 내용을 과제로 내준 담당교사의 '의도'와 이런 사실을 모르고 있을 학교 당국의 '무신경'이 두렵고 원망스러웠다. 고교 시절 편향적 '유신 옹호 교육'에 염증을 느꼈던 아빠는 꼭 30년 뒤 딸이 받고 있는 '의식화 교육'도 같은 이유로 혐오한다. 하지만 딸의 '원단한 교내 생활'을 염려해 항의 한번 못 했다.

최근 우연히 듣게 된 '2008년, 건국 60주년-48년 체제 청산설'은 더욱 심란하다. 1948년 남한 단독으로 실시된 총선거로 탄생한 대한민국은 태어나지 않았어야 할 친미(親美) 정권으로, 이 때문에 분단이 고착화되고 군부 쿠데타가 이어져 현대사가 오욕으로 점철됐으므로 건국 60년이 되는 2008년에는 기필코 이 체제를 청산해야 한다는 것이다. 그렇다면 대한민국 국민은 지난 50년간 도대체 무엇을 위해 존재했다는 말인가.

구체적인 실천 방안은 국호(國號)인 '대한민국', 국기(國旗)인 '태극기', 국가(國歌)인 '애국가' 등 국가 상징물의 교체. 현 지배층이 그처럼 수도 이전에 집착하고, 일각에서 '서울대 폐지'와 '국내 박사 채용 할당제'를 거론하는 것도 '48

년 체제' 청산을 위한 정지작업의 일환이라는 얘기까지 들린다.

'48년 체제' 청산설의 실체와 실현 가능성에 대해서는 물론 적잖은 논란과 회의가 있다. 하지만 세상을 움직이는 것은 언제나 '침묵의 다수'가 아닌 '뭉쳐 있는 소수'였다. 또 '세상을 유지하는 것은 일류지만, 세상을 바꾸는 것은 삼류'인 것을 감안하면 전혀 불가능한 일이 아닐지도 모른다. 공교롭게도 2008년은 새 대통령과 국회가 출범하는 해다.

대학 3년 때인 1980년 '전두환 장군' 체제가 들어서는 것을 목도하면서 현실 도피성 해외 유학을 결심했으나 뜻을 이루지 못한 아빠. 어느덧 50대 가장이 돼 이제 나라의 정체성에 대한 회의로 이민을 생각해보지만 그마저 여의치 않다.

아빠는 다만 간절히 소망한다. 여고생 딸의 사회 과목 숙제가 좀 더 가치중립적이고 미래지향적이기를, 그리고 서울 올림픽이 열리던 자랑스러운 해에 태어난 딸애가 2008년에도 수도 서울에서 태극기를 휘날리며 "대~한민국"과 애국가를 힘차게 외칠 수 있기를……. (2004. 7. 27.)

* 딸이 아빠의 우려와는 달리 세상에 대해서 지나친 관심을 갖지 않게 된 것을 다행으로 생각한다.

사랑하는 '아빠 딸'에게

딸아. 네가 원하던 직장에 당당하게 취업하게 돼 너무 기쁘고 고맙다. 그동안 맘고생 많았지? 수고했다. 아빠가 네 자존심에 준 상처도 많았다. 미안하다. 용서해라. 언젠가 네가 아빠의 심정을 이해해주리라고 생각한다.

너는 인식하지 못했겠지만 상당히 오랫동안 너는 '엄마·아빠 딸'이 아닌 '아빠 딸'이었다. 내가 널 정말 좋아해 엄마가 질투를 하기도 했지. 공부 잘하고 매사 적극적이면서도 인적 네트워크 구성에도 열심인 네게 아빠는 정말 많은 기대를 했단다.

하지만 무리하게 강남으로 이사하느라 경제적으로 심한 고통을 받아 아빠를 몰아붙인 엄마와 너를 원망하면서 우울의 나락에 빠지게 됐고, 하나님이 주신 천직으로 생각해 왔던 아빠의 직업에 대해서도 회의를 갖기 시작했다. 전학생으로서 네가 받은 스트레스를 이해하지 못하는 바는 아니지만 너의 고교 생활 또한 아빠는 만족스럽진 않았다.

그래도 너는 명문대 경영학과에 당당히 수시 합격해 아빠를 행복하게 했고, 아빠는 누구에게나 너를 자랑하곤 했다. 그러나 너의 안이하고 자신 없어 하는 대학 생활을 보면서 다시 실망스러워졌고, 아빠의 닦달에 우리 사이는 점점 멀어져갔다. 강남으로 이사한 후 지금까지 아빠가 집과 직장 안팎에서 겪은 정신적, 육체적, 물질적 고통에 대해서 너는 잘 모를 것이다. 상상도 하지 못할 어려움을 겪었다.

그럼에도 아빠가 지금까지 살아 있는 것은 어떻게 해서든 너희들이 등록금 걱정은 하지 않고 대학을 졸업하고 아빠가 널 데리고 결혼식장에 들어가야 한다는 오랜 소망 때문이었다. 정말이다.

지나간 얘기를 더 해서 무엇 하겠느냐. 비록 소프트랜딩은 아니고, 혹독한 맘고생이 있었지만 이제 사회에 나가 자신의 꿈과 이상을 마음껏 펼치게 될 네게 몇 가지 당부할 말이 있다.

무엇보다도 먼저, 지난 세월 네가 힘들었을 때 너를 믿고 격려하고 도와준 많은 분들에게 감사하고 고마워하는 마음을 잊어서는 안 된다. 그 명단을 일일이 열거하진 않겠다. 네가 어렸을 때부터 강조해왔지만 사람은 결코 은혜를 잊어서는 안 된다. 너를 멘토링해주신 분들은 한결같이 너의 가능성과 미래를 낙관해주셨다. 앞으로도 네게 많은 힘이 되어주실 분들이다.

둘째, 직장은 학교가 아니고 사회생활 또한 장난이 아니다. 솔직히 이따금 네가 졸업과 동시에 취업이 되지 않은 게 다행이라고 느껴지기도 한다. 그랬더라면 아마 너는 벌써 회사를 뛰쳐나왔을지도 모른다. 열심히 일해야 한다. 네가 받는 월급 속에는 너의 땀과 노고는 물론 직장에서 상사와 주변으로부터 받게 될 눈치와 견제, 잔소리 삯까지 모두 포함돼 있다는 것을 잊지 마라.

셋째, 아무리 힘들고 바빠도 매일 신문 하나는 공들여 읽고 업무와 관련된 외국의 잡지, 도서도 월 1권은 독파해야 한다. 내가 아는 어느 교수님은 미국 시민권자인 아들을 귀국시켜 공익으로 군복무를 하게 하면서 신문 한 가지와 이코노미스트지를 샅샅이 읽으라고 했다는구나. 아들은 외국에서 오래 학교를 다녀 한국 신문 읽는 것을 더 힘들어하지만 그래도 아버지 뜻을 받들기 위해 무진 애를 쓰고 있다더라. 대견한 일이다.

너 스스로 "문화예술에 대해서는 소양이 풍부하지만 독서가 부족해 인문·역사학적 지식이 약하다"고 인정한 바 있다. 힘들겠지만 이 약점을 보완해야만 사회에서 인정받고 대성할 수 있다. 다시 한번 말하지만 "해야 할 일을 먼저 해야, 원하는 일을 할 수 있는 날이 온다."

넷째, 출근 그날부터 정신적, 물질적으로 부모한테서 독립해야 한다. 네가 필요한 것은 네가 벌어서 사고 먹고 입어라. 절대 엄마·아빠한테 기대지 마라. 출근 늦었다고 차 태워다 달래지 말고, 네 방 청소와 빨래는 주말에 네가 해라. 액수가 얼마가 되어도 좋으니 월 얼마씩 엄마에게 생활비조로 내놓고, 나머지는 너의 장래를 위해 관리하고 저축해라. 진심으로 너를 위해 하는 말이다.

마지막으로, 너의 미래를 낙관하고 매사 긍정적으로 지내도록 해라. 너는 하나님이 특별히 축복하는 딸이다. 아빠는 일찍부터 이른바 도사들로부터 "딸이 잘될 것"이라는 얘기를 여러 차례 들었다. 그러니 직장에서 일어나는 갈등과 불화에 일희일비하지 말고 의연하게 대처해야 한다.

너는 칭찬과 인정을 받으면 몇 배의 능력을 발휘하지만, 조금 언짢은 소리만 들어도 낙망하고 좌절하는 경향이 있다. 스스로에 대해 자신과 확신을 가져라. 사랑하는 '아빠 딸'에게 하나님께서 지혜와 능력을 주시고, 풍요롭게 하시며, 밤낮으로 보호해주실 것을 아빠는 확실히 믿는다.

2012년 11월 9일 오후 5시 40분 아빠가 쓴다.

보통 형과 최고의 동생

얼마 전 동생이 형에게 전화를 했다. “비슷한 시기에 차를 구입했는데 출퇴근 거리가 멀다 보니 형보다 앞서 부득이 새 차로 바꾸게 됐다”며 양해를 구했다. 형은 “보태주지 못해 미안하다”고 하면서도 동생의 마음 씀씀이가 무척 고마웠다. 앞서 동생은 어머니를 통해 구두 한 켤레를 형에게 보내왔다. “형이 신고 다니는 구두의 뒤축이 많이 닳았더라”는 말과 함께.

올해 설날 동생은 차례를 지내고 나서 슬그머니 형에게 현금 100만 원 뭉치를 내놓았다. 재수 끝에 대학에 입학한 장조카의 입학금에 보태라는 것이었다. 형은 가전제품 대리점 점장으로 일하는 동생에게 이 돈이 1000만 원이나 다름없는 거액이라는 것을 잘 알면서도 못 이기는 척 받아 넣었다. 동생은 또 올봄 10년 만에 새 집으로 이사한 형에게 냉장고, 가스레인지 등 새 가전제품을 선물로 보냈다.

혈혈단신 이북에서 내려온 아버지가 아내와 두 아들을 남기고 49세로 세상을 떠났을 때 형은 20세 재수생, 동생은 16세의 고교 1년생이었다. 형은 앞서 대학에 들어간 친구들이 아르바이트를 하며 학원비를 대준 덕분에 다음 해 무난히 대학에 입학할 수 있었다. 하지만 고통스러운 사춘기를 보낸 동생은 대학에 들어갈 수 없게 되자 미련 없이 공부를 접고 군에 입대했다. 형은 자신보다 머리가 좋은 동생이 집안 사정으로 대학에 진학하지 못한 것을 늘 미안하고 가슴 아프게 생각한다.

형은 대학을 졸업한 뒤 번듯한 직장에 다니면서 종종 자수성가의 고단함을 말하곤 하지만 고졸의 동생은 늘 긍정적으로 인생을 개척해왔다. 집안의 각종 대소사에서도 동생은 언제나 형이 중심이 되도록 했다. "형이 잘돼야 우리 집안이 잘된다"는 것이 동생의 확고한 소신이었다. 그 때문에 동생의 지인들은 집안의 대소사에서 형의 손님과 친구들에 치여 늘 뒷자리 차지였다. 하지만 동생은 단 한 번도 불평을 한 적이 없다.

형의 옷과 신발 중 절반가량은 동생이 보내준 것이다. 동생은 길을 지나다 눈에 들어오는 물건이 있으면 선뜻 구입해 형에게 보낸다. 멋을 아는 동생 덕분에 형은 종종 패션 감각이 있다는 얘기를 듣는다. 하지만 형은 동생에게 물건 값을 제대로 지불해본 적이 없다.

동생은 또 명절과 제사 때면 반드시 아내를 형 집으로 보내 음식 만드는 것을 거들도록 했다. 동생의 아내는 언젠가 "술에 취한 남편이 밤새 '형 잘 있는지 전화 좀 해보라'고 보채는 통에 잠을 자지 못한 적도 있다"고 하면서 "마누라보다 형을 더 좋아하는 것 같다"고 했다.

형은 신혼 초 해외여행을 가서 동생 내외에게 줄 선물을 샀다가 아내가 의아해하자 단호하게, "세상에 하나밖에 없는 동생이고, 내가 아버지나 다름없지 않으냐. 결혼한 것 때문에 형제지간에 마음 상하는 일 없도록 해달라"고 당부했다. 하지만 실제로 형이 해준 일은 동생 내외가 결혼 후 10년간 한 번도 해외에 다녀오지 못한 것이 마음에 걸려 가족 해외여행을 주선해준 것이 고작이다.

동생의 장모를 자기 장모처럼 챙겨드리려고 노력하지만 그마저 잘되지 않는다. 형은 이번 여름 동생의 고교 1학년짜리 딸이 교환학생 자격으로 미국으로 건너갔을 때 물질적으로 도움을 주지 못한 것을 지금도 가슴 아파한다.

형은 평소 자신은 '보통 형'에 불과하지만 동생은 '최고의 동생'이라고 자랑하곤 했다. 하지만 동생은 언제나 "세상에 형보다 나은 동생은 없다"고 말해왔다. 유난히 힘든 일이 많았던 올 한 해, 무사히 세밑을 맞게 된 것은 모두 동생 덕분이라고 형은 생각한다. (2005. 12. 29.)

* 동생은 요즘도 옷이나 신발을 사 내게 선물한다. 나는 선물받은 포도주 같은 것으로 답례를 한다. 동생의 딸은 30대 초반에 귀국에서 대학교수가 되어 집안을 기쁘게 했다.

아버지와 물난리

수해 소식을 접할 때마다 26년 전 직접 겪은 '물난리'가 떠오른다. 한강 홍수 피해가 컸던 1972년, 우리 집 식구 네 사람은 서울 영등포 도림천변에 살고 있었다. 8월 어느 날 새벽 "빨리 일어나라"는 아버지의 다급한 외침에 눈을 떴다. 도림천이 넘치면서 집에 물이 들어차기 시작한 것이었다.

겁에 질린 내게 아버지는 단호하게 "책과 가방부터 챙기라"고 말씀하셨다. 없는 살림이지만 그나마 값나가는 물건을 하나라도 더 챙기려 허둥대던 가족들은 머쓱해졌다. 고1과 중1 두 아들이 교과서와 공책을 그럭저럭 수습해 다락에 넣은 뒤 아버지는 비로소 이부자리와 사진첩 같은 것을 챙겼다.

물이 밀려오자 아버지는 우선 집 안의 전기를 끊었다. 폭우 속에서 펜치를 들고 전선을 끊던 모습이 지금도 눈에 선하다. 30여 분 만에 물이 방 안까지 찼다. 라디오를 통해 비

소식을 듣고 있던 아버지는 두 아들을 불러 “엄마를 모시고 침수지역 밖으로 헤엄쳐 나가라”고 ‘명령’했다. 아버지를 무척이나 좋아했던 큰아들이 “함께 있겠다”고 버텼지만 소용이 없었다.

일제강점기 때 고향인 평양에서 대홍수를 체험하기도 했던 아버지. 아버지는 집이 완전히 물에 잠기기 전에는 결코 집을 떠나지 않을 작정이었고, 물난리 속 ‘좀도둑’들로부터 ‘가재도구’를 지켜야 한다고 생각하고 있었다. 아버지는 다락과 지붕에서 발끝까지 차오르는 물을 보며 사흘 밤낮을 지냈다.

물이 빠진 뒤 아버지는 심한 치통을 앓았다. 심신의 피로가 누적됐던 것이다. 두 아들의 교과서와 공책은 하나도 손상되지 않았고 방학 숙제도 아무 탈 없이 해서 가져갈 수 있었다. 아버지는 3년 후 세상을 떠나셨다. (1998. 8. 9.)

* 요즘도 텔레비전에서 수해 장면을 보면 아버지 생각이 난다.

아버지 삶에 대한 짧은 회고

오늘 (할)아버지 39주기를 맞아 가족들이 함께 모여 고인을 추모하는 모임을 갖고 있습니다. 아빠와 엄마가 가정을 이루기 전에 일찍 세상을 떠난 할아버지를 본 적이 없는 손자·손녀, 그리고 시아버지의 사랑을 느껴볼 수 없었던 두 며느리를 위해 고인의 삶과 발자취를 잠시 돌아봅니다.

아버지께서 만 49세에 갑자기 세상을 떠나셨기에 두 아들은 그분의 삶에 대해 충분히 알지 못합니다. 따라서 이제부터 하는 그분의 이야기는 정확하지 않은 부분이 적지 않을 겁니다. 평소 아버지로부터 많은 것을 들어두지 못해 안타까울 따름입니다.

아버지 함자는 오(吳), 성(聲) 자 환(煥) 자로, 본관은 해주(海州)입니다. 1927년(토끼띠) 평양 대동강 인근에서 태어나셨습니다. 호적(제적등본)에는 이보다 4년 앞선 1923년 8월

24일 평양시 율리 214번지에서 출생하신 것으로 기록돼 있는데 자세한 사정은 모릅니다. 본적이 평양이 아니라 서울 중구 남산동 1가 1번지로 기재돼 있는 이유는 결혼 후 처갓집을 본적지로 신고하셨기 때문입니다.

20대 초반 미소(美蘇) 공동위원회에 참석하는 소련 대표단을 태운 기차를 몰고 서울에 온 아버지는 북한으로 돌아가지 않고 남한에 정착하셨다고 합니다. 6·25전쟁 전에 월남을 하신 것이지요. 고향에 부모님과 남동생, 여동생이 있다고 하는데 형제가 몇 분인지는 알지 못합니다. 6·25전쟁 때 유엔군이 북진했을 때 고향을 찾아갔는데 가족들이 모두 남쪽으로 피란을 떠났고, 그 방향으로 미군의 공습이 심해 가족들의 생사를 알 수 없다고 하셨습니다.

그야말로 혈혈단신 남한에 정착한 청년 오성환은 남다른 성실함과 기술 덕분에 군인이 아닌 민간인 신분으로 해군에 일자리를 얻었고, 27세 때 당시 꽃다운 20세 처녀였던 어머니 장(張), 방(芳) 자 례(禮) 자 님과 연애결혼으로 가정을 일구셨습니다. 어머니 본관은 창녕(昌寧)입니다.

처가에서 처음에는 이북에서 단신 월남한 사람이라고 탐탁하게 생각하지 않았으나 곧 사람 됨됨이가 반듯하다며 결혼을 승낙하셨다고 합니다. 결혼식은 1954년 8월 10일에 올렸다고 어머니는 기억하십니다. 1955년 장남, 1959년 차남이 태어나 아버지를 기쁘게 했습니다. 딸을 꼭 얻고 싶어 하셨으나 뜻대로 되지 않았다고 합니다.

아버지는 그야말로 근면, 정직, 꼼꼼, 성실한 분으로 그를 아는 많은 이들로부터 "법 없이도 살 수 있는 사람", "집과 식구밖에 모르는 사람"이라는 얘기를 들으셨습니다. 출퇴근을 칼같이 했고, 주말이면 하루 종일 집 안팎 청소와 수리, 빨래 등 가사를 챙기셨습니다. 얼마나 정성들여 일을 하시는지 아버지가 방과 창틀을 닦으면 일주일 동안 청소를 하지 않아도 될 정도였습니다.

두 아들에게 썰매와 팽이를 만들어주시는 등 손재주가 뛰어났고, 박봉임에도 자녀들이 하고 싶은 일은 지원을 아끼지 않는 자상한 가장이셨습니다. 지금까지 살아 계셨다면 손자·손녀들에게 장난감을 많이 만들어주시고 친구처럼 놀아주셨을 겁니다. 할아버지 얼굴도 보지 못하고 자란 손주들이 너무 안타깝기만 합니다.

아버지는 이북에서 오신 분답게 만두, 냉면, 삶은 돼지고기, 칼국수, 지짐이 등을 좋아하셨고 상당한 애주가셨습니다. 고향에 대한 향수와 가족에 대한 그리움이 겹쳐 술을 많이 드실 수밖에 없었을 거라고 생각합니다.

집에서 아침과 저녁 식사 전에 반주 삼아 주로 소주를 드셨고, 밥은 맨 마지막에 물에 말아 조금만 뜨셨습니다. 술이 거나해지면 당시 국민가수인 김정구 선생의 〈눈물 젖은 두만강〉을 목 놓아 부르셨고, “그리운 내 님이여~”라는 고음 대목에서 종종 목이 메어 눈물을 흘리시기도 했습니다.

언젠가 향우회에 가셨다가 먼 친척 내외분을 만나 두 분을 친부모처럼 모시며 명절 때마다 찾아가 절을 올리셨습니다. 어느 핸가 그 댁에 갔을 때 잠시 2층에서 기다리시던 아버지가 진열장에 전시된 양주병을 꺼내 급히 한 잔을 몰래 들이켜셨습니다. 아들은 이 장면을 평생 잊지 못하고 있습니다. 그래서 언제부터인가 차례상에 양주를 올려놓고 소주와 양주를 번갈아 올리기 시작했습니다.

부모님의 사망을 기정사실로 하지 않으려고 생전에 윗대 어른들 제사는 모시지 않으셨습니다. 하지만 이산가족 상봉 보도를 보실 때마다 고향에 두고 온 부모·형제를 생각하며 펑펑 눈물을 쏟으셨습니다. 할아버지와 할머니에 대해서는 거의 듣지 못했지만 할아버지 함자가 오(吳), 달(達) 자 선(善) 자이고, 할머니는 이(李), 옥(玉) 자 실(實) 자를 쓰신 것으로 알고 있습니다. 할아버지도 술을 많이 드셔서 할머니가 술손님 접대하느라 애를 많이 쓰셨다고 합니다.

한 인간으로서는 더할 나위 없이 성실하셨지만 가장으로

서 아버지는 많은 풍파와 시련을 겪으셨습니다. 가사를 돕기 위해 이런저런 부업에 나섰던 어머니의 잇단 실패와 불운으로 가까스로 마련한 상도동 집을 몽땅 빚잔치에 내놓았고, 집은 물론 직장까지 찾아온 빚쟁이들에게 온갖 수난을 당하셨습니다.

몇 년에 한 번씩 이런 난리를 겪으면서 돌아가시기 전까지 셋방을 전전하셨으니 그 고통이 어떠하셨겠습니까. 하지만 아버지는 자식들 앞에서 아무런 내색도 하지 않고 속으로만, 속으로만 삭였습니다.

지금도 제가 생생히 기억하는 장면이 있습니다. 어머니가 빚쟁이들을 피해 잠적한 어느 날 밤, 두 아들을 데리고 안방에서 주무시던 아버지께서 "엄마가 보고 싶다"면서 칭얼대며 울기 시작한 막내를 보고 갑자기 엉엉 소리를 내어 우시는 바람에 방 안이 온통 울음바다가 되었습니다. 하지만 그런 시련 속에서도 아버지는 끝까지 엄마를 지켜주셨고, 이혼이란 단어를 결코 입 밖에 내지 않았습니다.

장남은 중학과 대학 입시에서 잇따라 낙방해 아버지 마음을 아프게 했습니다. 하지만 아버지는 그때마다 야단은커녕 명동의 '영양통닭'집에서 전기구이 통닭을 사와 위로해 주셨습니다. 아들은 그래서 지금도 그 집 통닭을 먹으러 다니며 아버지를 추억합니다.

1972년 상습 침수 지역이었던 도림천 인근에 살고 있을 때는 집중호우로 순식간에 흙탕물이 쏟아져 들어와 집 천장까지 침수됐습니다. 이 와중에도 아버지는 다른 귀중품들을 모두 제쳐두고 두 아들의 책가방과 가족 앨범을 제일 먼저 높은 곳으로 옮기셨습니다. 이어 아내와 두 아들을 집에 있던 대형 도마에 태워 안전한 곳으로 대피시켜주셨습니다.

하지만 일제강점기에 북한에서 평양 대홍수를 겪은 적이 있는 아버지는 도난과 붕괴 등 만일의 사태에 대비해 지붕 위에서 사흘여 동안 구조대원들이 전해주는 라면, 빵, 물 같은 것만 드시면서 꿋꿋이 집을 지키셨습니다. 물이 빠져 외가에 가 있던 가족들이 돌아온 뒤에는 과로와 오염된 식수 탓에 생긴 치통으로 오래 고생하셨습니다. 1975년 막내아들이 추첨으로 명문고에 입학하자 뛸 듯이 기뻐하셨습니다.

실향민의 한(恨), 빈곤한 가계, 잇단 시련이 20년가량 이어지던 어느 날 아버지는 간경화를 동반한 간암이라는 진단을 받으셨습니다. 당시의 의료 기술과 가정 형편으로는 특별한 치료를 받을 수 없는 상황이었습니다.

1960년대 말 해군에서 나와 한 회사의 보일러실 책임자로 일하던 아버지는 회사가 더 큰 회사에 인수되자 고용 승계를 받기 위해 배에 물이 찬 것을 내색하지 않고 직장에 나가셨습니다. 얼굴이 시커멓고 눈에 황달이 든 아버지가 기를 쓰고 직장에 출근하시던 마지막 몇 달은 지금 생각해도 가슴이 저려옵니다.

아버지는 자신의 생명이 꺼져가는 마지막 순간까지 가족을 위해 헌신하셨습니다. 성모병원과 집을 오가며 6개월가량 치료를 받으시던 아버지는 1975년 6월 15일(음력 5월 5일 단오) 오전 10시 49분 서울 관악구 상도3동 전셋집에서 향년 49세를 일기로 세상과 작별하셨습니다.

일주일간 의식 불명 상태였고 하혈을 많이 하셨습니다. 큰아들의 친구로 나중에 재미(在美) 목사가 된 정인수가 임종을 같이했습니다. 앞서 아들의 교회와 학교 친구들이 광화문에서 일일다방을 열어 치료비를 보탰고, 그들이 아버지의 관을 멨습니다. 임종 전 병상에서 장남이 다니던 교회 담임목사님에게 "하나님을 받아들이겠다"고 약속하셨고, 교회의 도움으로 경기 남양주시 진접면 내각리 교회 묘소에 모셨습니다.

생시에 전혀 교분이 없었던 정인수 목사의 부친이 아버지가 하늘나라에서나마 고향을 바라보실 수 있도록 북향(北向) 자리를 골라주셨습니다.

아버지의 죽음을 너무나 애통하게 생각한 장남은 그날

이후 3년 정도 매월 한 차례씩 아버지 묘소를 참배했습니다. 그러던 어느 날 아버지 묘소 봉분 위를 스르륵 지나는 뱀을 보고 순간 섬뜩한 마음이 들었습니다. 집으로 돌아와 어머니께 이 말씀을 드렸더니 "아버지가 이제 식구들과 정을 떼고 싶어 하시는 것 같으니 산소에 자주 가지 마라"그 하셔서 그 말씀을 따랐습니다.

장남은 1979년 연세대 신문방송학과 편입시험에 합격한 후 대학 배지를 달자마자 곧바로 산소에 가 아버지 생시에 대학에 가지 못한 불효를 용서해달라고 빌었습니다. 기자가 된 뒤에는 아버지의 마지막 직장이었던 서울시내 중심가 한 빌딩 지하 기관실을 찾아갔다가 순식간에 안경이 뿌옇게 흐려지는 바람에 금세 돌아 나온 적도 있습니다.

오래전부터 아버지가 생애 처음이자 마지막으로 마련했던 상도동 옛집을 되찾아 한을 풀어드리겠다고 다짐했으나 공염불이 되어버렸습니다. 결혼 얼마 후 아내와 함께 그 집에 찾아가 주인의 양해를 받아 집 안팎을 둘러보고 나온 적이 있습니다. 방 안에서 아버지의 울음소리가 들려 나오는 듯했고, 마당과 담벼락 등에 군데군데 아버지의 흔적이 여전히 남아 있었습니다.

두 아들은 아버지가 돌아가신 지 10여 년이 지난 뒤에야 나무 십자가로 세운 묘비를 석물로 교체해드렸고, 서너 차례 잔디를 갈아드린 것 외에는 제대로 산소를 돌보지 못했습니다. 일 년에 두세 차례 정도 찾아가 한 시간여 만에 돌아오곤 했으니 자식들의 불효가 하늘을 찌릅니다.

굳이 변명을 하자면, 남과 북이 자유롭게 왕래할 수 있을 때 아버지 유골을 화장해 대동강에 뿌려드리고 싶어 묘소 단장이나 이장을 하지 못했습니다. 아들 세대가 못 하면 손자·손녀 대(代)에 가서라도 아버지의 혼백이 안식할 수 있기를 간절히 바랍니다.

이상으로 간략하게 아버지의 생애를 글로 적어 가족들에게 읽어드립니다. 아무쪼록 오늘의 우리들이 존재하고 있는 것은 (할)아버지의 고귀한 희생과 노고 덕분이라는 것을 잊지 말아야 합니다. 생명은 하나님이 주신 것이지만 육신(肉身)은 친가와 외가의 조상들이 주신 것이기 때문입니다.

* 2014년 6월 1일(일) 아버님 39주년 추도식에 맞춰 쓴 글이다. 가족들에게 한 부씩 나눠주었다.

장모가 남긴 마지막 선물

장모님을 경기 파주시 금촌동 기독공원묘지에 모시고 돌아오면서 눈시울이 절로 붉어졌다. 79세를 일기로 작고하신 장모는 27년 앞서 세상을 떠난 남편 박항섭(朴恒燮, 1923~1979) 화백 곁에 누우셨다. 오래전 남편의 묘비에 자신의 이름을 새겨두셨을 정도로 사랑했던 터였다.

장모는 5대째 기독교 가정의 믿음을 이어오셨고, 일제강점기에 경성사범학교를 졸업한 신여성이셨다. 장인어른 생시에는 남편의 화업(畵業)을 뒷바라지하는 데 온갖 정성을 다했고, 1979년 남편이 갑작스럽게 별세하자 혼자 힘으로 자녀들을 교육하고 성가(成家)시킨 '강인한 믿음의 어머니'였다. '화가의 연인은 로맨틱하지만, 화가의 아내는 위대하다'는 말은 장모 같은 분을 두고 한 말이었을 것이다.

장모는 당초 막내 사윗감을 못마땅하게 생각하셨다. 첫

째 사위가 진보 교단의 목사, 둘째 사위는 육군사관학교를 나온 군인인데, 셋째 사윗감이 하필 기자라는 사실이 못마땅하셨던 것이다. 게다가 그 기자는 '홀어머니를 모시는 가난한 집의 장남'이었다. 그래서 약혼식도 못 하게 하시고, 결혼 날짜도 추석 전날로 잡으셨다. 사위는 묵묵히 장모의 말씀을 따랐다. 1·4후퇴 때 황해도 장연에서 월남하신 장모는 늘 사위들의 '직업적 특수성'을 걱정하시곤 했다.

장모의 걱정과 오해를 푸는 지름길은 잘해드리는 것밖에 없다고 생각한 사위는 결혼 후 3년 동안 하루도 거르지 않고 장모에게 문안 전화를 드렸다. 부부싸움 끝에 가출을 감행할 때면 무조건 처가로 달려갔다. 한 달여 동안 처가에서 지낸 적도 있다. 아내를 향해 "못마땅하지만 갈라설 생각은 없으며, '안전'한 곳에 있다"라는 무언(無言)의 시위였다.

처남이 장가가기 전에는 홀어머니와 장모를 함께 모시고 휴가를 떠나곤 했고, 사돈끼리 해외여행을 다녀오시도록 주선하기도 했다. 아내가 시댁에 소홀하게 하는 것은 섭섭하지 않았으나 친정에 소홀하게 하는 것은 야속했다.

장모와 사위는 처가 식구들도 알지 못하는 고통을 함께 나눴다. 장모가 억대의 사기를 당했을 때 사위는 사흘간 사기범을 잡으러 쫓아다녔고, 이 사람 저 사람 이름을 빌려 신용대출로 급전을 마련하느라 탈진하기도 했다. 겨울이면 보일러를 제대로 켜지 않고 지내시는 것이 마음에 걸려 유조차를 불러 기름을 가득 채워드리고 오기도 했다.

장모가 어쩌다 해외여행을 가실 때면 무리를 해서라도 여비를 보태드렸다. “내가 처가에 하는 것의 반의반만큼만 아내가 시댁에 해도 다행”이라는 것이 사위의 생각이었다. 처남과 처형이 장모에게 섭섭하게 하면 대놓고 싫은 소리를 했다.

장모도 막내 사위를 끔찍이 사랑했다. 사위가 생애 처음으로 제 집을 마련하면서 막판 입주금 마련에 애를 쓰자 장모는 깊숙이 간직해온 장인어른의 그림 두 점을 내어주며 “팔아서 보태 쓰라”고 하셨다. 장모가 장인의 그림을 목숨처럼 간수해왔다는 사실을 너무나 잘 아는 사위는 “그럴 수는 없다”며 받지 않았다. 훗날 장모는 “후손들이 할아버지를 기억할 수 있게 해야 한다”며 그림 두 점을 선물로 주셨다. 사위는 몇 해 전부터 아내의 생일날에 장모에게도 꽃다발을 보내드렸고 장모는 무척 기뻐하셨다.

장모가 사위를 위해 베푼 가장 큰 사랑은 임종(臨終)에의 초대였다. 장모는 가쁜 숨을 몰아쉬며 해외 출장을 떠난 사위를 기다리다 그가 병실에 도착해 손을 꼭 잡아드리자 마지막으로 두 눈을 크게 뜬 뒤 세상을 떠나셨다. 세 명의 사위 중에서 장모의 임종을 지켜본 이는 막내 사위뿐이었다. 사위는 장모의 귀에 대고 “어머니, 정말 수고 많이 하셨어요. 이제 맘 편히 장인어른 계신 곳으로 가세요”라고 속삭였다.

장모는 1남 3녀와 6명의 손자·손녀, 그리고 막내 사위가 함께 부르는 찬송가 소리를 들으며 평화롭게 하늘나라로 가셨다. 사위는 장모의 영정 앞에서 40대 후반에 고아가 된 아내를 이제부터 딸처럼 돌보겠다고 약속했다. (2006. 7. 13.)

할머니가 돌아가셨다

– 나는 아직도 생선을 깨끗하게 발라 먹는 법을 모른다

내가 생선이나 닭의 예쁜 살 부분만 먹는 것은 할머니가 나를 그렇게 키웠기 때문이다. 예쁘고 하얀 생선 살만 발라 내 밥그릇에 얹어주셨던 할머니 손에 자란 나는 아직도 생선을 깨끗하게 발라 먹는 법을 모른다.

어렸을 때 나와 아빠는 매 주말 할머니집에 가서 하룻밤을 자고 오곤 했다. 토요일 늦은 오후 도착하면 할머니는 계란물을 입힌 스팸, 굴비나 갈치, 참기름을 두른 명란, 고추장 찌개 등 아빠와 내가 좋아하는 반찬들로 밥상을 차려주셨다.

밥을 먹고 토요일 오락 프로그램을 보며 쉬다가 부드러운 비단 요에서 잠을 자고 일어나면 할머니, 위층 사는 막내 이모할머니와 함께 동네 목욕탕에 갔다. 할머니 본인은 스스로 때를 밀어도 나는 돈을 주고 때밀이 아줌마에게 때를

밀렸다. 따가운 때밀이 시간을 참고 나오면 목욕탕에서 할머니가 사 주는 삼각 모양 커피우유가 그렇게 시원하고 달콤했다.

때로는 할머니와 수영장에 가기도 했는데, 지금 생각해 보니 60 넘은 할머니가 그렇게 수영을 잘하셨던 것이 대단하다는 생각이 든다.

할머니는 수입 상가에서 일하셨는데 그래선지 할머니집에는 노란색 통에 담긴 분과 미니어처 향수들이 있었고 늘 좋은 냄새가 났다. 바가지와 세숫대야로 할머니가 나를 씻기고 나면 한국에서 파는 존슨즈 베이비 로션과 다른, 약간 투명한 수입산 핑크색 베이비 로션을 바르는 그 느낌과 냄새가 좋았다.

할머니집 냉동실에는 초콜릿을 좋아하는 오빠를 위한 대용량 스니커즈 같은 미제 초콜릿이 항상 있었고, 일요일에 집에 가는 아빠와 나의 손에 얼음처럼 딱딱한 초콜릿을 두 봉지씩 들려 보내시곤 했다. 할머니는 내가 노래하고 개그하는 것을 좋아하셨다. 이모할머니들 앞에서 노래하면 몇천 원씩 쥐어주셨고, 성인이 되고 나서도 내가 어렸을 때 정선희를 보고 따라 했던 콩트가 너무 웃겼다며 종종 얘기하시곤 했다.

그러나 할머니와 좋은 기억만 있었던 것은 아니었다. 크고 나서는 엄마를 힘들게 하는 할머니가 미울 때가 많았다. 특히 아빠가 아플 때 언성을 높이며 "내 아들이니 내가 알아서 한다!"며 고집 부리는 바람에 엄마와 우리 가족이 힘들었을 때는 주저 없이 내 평생에 가장 힘든 시간이었다고 얘기할 수 있다.

내 인생 처음 알바를 하며 온몸이 녹초가 되어 들어왔을 때 등에 파스를 붙여줄 엄마가 집에 없어 서러운 마음으로 일기를 쓸 때의 그 서글픔은 10년이 지난 지금도 생생하다.

할머니가 돌아가셨다. 코로나19 사태로 가족의 임종을 못 지킨다는 뉴스가 내 일이 될 줄은 몰랐다. 외국에 나와 있어 어차피 내 삶에 달라진 것도 없고, 한국에 있을 때도 자주 찾아뵙던 것은 아니어서 큰 감정의 동요가 없을 거라 생각했는데 생각보다 슬펐다.

할머니가 돌아가신 날, 남편과 누워서 할머니와의 추억을 얘기하며 눈물이 났고, 그 이후에도 며칠은 가만히 있다가 울컥울컥 슬픔이 올라왔다.

원래는 일주일 넘게 기다려야 2차 백신을 맞을 수 있었는데, 혹시나 싶어 백신센터에 가서 담당자에게 상황 설명을 하던 중 울컥 눈물이 나는 바람에 바로 백신을 맞고 예정보다 일찍 한국에 들어갈 수 있게 되었다. 눈물로 얻어낸 백신이다.

그래도 다행인 건 할머니가 어렸을 때부터 맨날 "유정이 좋은 사람한테 시집가야 하는데…" 라는 말을 달고 사셨는데, 건강한 모습으로 나, 오빠, 그리고 사촌동생 준영이가 좋은 사람들과 결혼하는 것을 보셔서 다행이다.

그리고 결혼하기 전, 무슨 이유였는지 기억은 안 나지만 엄마, 오빠와 함께 할머니집 근처에 새로 생긴 돼지갈비집에 가서 같이 식사를 했는데, "지난 주 윗집 사는 동생네 자식들이 와서 새로 생긴 고깃집에 가서 같이 식사했다고 해서 부러웠는데, 덕분에 나도 와 보네"라며 유난히 싱글벙글 좋아하셨던 모습이 기억에 남는다. 할머니와 먹은 밥 중에 가장 뿌듯했던 식사였다.

돌아가신 후 이런 얘기해서 무슨 의미가 있겠냐마는, 우리가 어디로 이사 가든지 오빠가 좋아하는 오이소박이와 내가 좋아하는 밥풀 많은 식혜를 이고 지고 성치 않은 몸으로 우리 집에 오셨을 때 더 반갑게 맞아드리지 못하고, 이왕이면 할머니집에 가서 그 짐들을 받아 오지 못한 것이 후회가 된다.

나는 강력한 '오싫모(오이를 싫어하는 모임)'인데, 할머니가 해주는 오이장아찌는 그렇게 맛있어서 가끔 입맛 없을 때 그 맛이 생각나곤 했다. 어렸을 때 추석이면 할머니가 직접 삶아온 밤으로 만들었던 특제 밤 송편도 참 맛있었다.

외국에 나와 사는 한국 사람들과 타향살이의 가장 큰 단점은 바로 가족 대소사에 함께할 수 없는 점이라고 항상 이야기하곤 한다. 할머니의 죽음으로 나의 조부도 세대가 이제 모두 돌아가셨다는 점이 생각보다 이상한 기분으로 다가왔다. 이제는 우리들이 또 자식을 낳고, 그렇게 세대교체가 되겠지. 아직은 한참 남았겠지만, 그다음은 우리 부모님의 차례라는 사실에 마음이 무거워졌다.

양쪽 부모님이 건강하실 때 시간을 많이 보내고, 너무 기력이 쇠하시기 전에 한국에 자주 가자고 남편과 다짐했다. 그런 의미에서 부모님이 영국에 오셨을 때 같이 행복한 추억을 많이 만들었던 것은 정말 좋았다.

엄마·아빠와 여행을 한다는 것은 여러 가지 의미로 나에게 부담이었는데, 살뜰하게 잘 챙기는 성격 좋은 남편과 결혼한 덕분에 영국 여행도, 오스트리아도, 부산과 제주 여행도 즐겁게 다녀올 수 있어서 감사하다. 나이가 드나 보다. 나에게 가족의 의미가 달라진다.

* 할머니가 돌아가셨을 때 한국에 오지 못한 딸이 써보낸 글이다. 글을 본 많은 사람들이 "딸의 글솜씨가 애비보다 낫다"고들 이야기했다.

콩이를 그리며

콩아. 형과 누나가 주선한 엄마·아빠의 칠순 기념 여행을 마치고 공항에 도착하자 마자 우리가 영국에 있을 때 네가 무지개 다리를 건넜다는 소식을 들었다. 얼마나 깜짝 놀랐는지 모른다.

네가 힘들 게 세상을 떠날 때 곁에서 지켜주지 못해서 마음이 아프다. 너는 진정으로 우리 가족과 희로애락을 나눈 착한 녀석이었다.

너를 만나고 나서야 나는 비로소 애완견과 반려견은 급이 다른 개라는 사실을 알게 됐다.

그래!!! 너야말로 훌륭한 반려견이었다.

동부이촌동에 살던 시절 아파트에 불이 났었지. 피치 못하게 사람들만 탈출해 마음이 아팠는데 몇 시간 뒤 불이 진

화된 후 집에 들어갔더니 네가 침대 밑에서 나와 컹컹 짖어댔다. 눈물이 날 정도로 고맙더라. 너의 생명력이 놀라웠다. 그때의 미안함과 죄책감은 아주 오래가더구나.

연희동으로 이사와서 너를 앞세우고 산책을 나설 때 너를 귀여워하면서도 조심스러워하는 이들에게 "연희동 호구라 괜찮다"고 놀린 것도 미안하다. 너는 만인에게 사랑을 받는 성격 좋은 코커스패니얼이었다.

아빠는 특히 콩이한테 감사하다. 우울증으로 집에만 처박혀 있을 때는 곁에서 같이 있어주고, 산책 나가자고 하면 길길이 날뛰며 앞장을 선 동반자였다. 누구도 콩이처럼 오래 내 곁에 있어준 존재는 없었다.

콩아! 다시 한번 지켜주지 못해 미안하다. 말년에 특히 고생했는데 더 잘해주지 못해서 미안하다.

그나마 네가 17년 천수를 누리고 떠난 것이 위로가 된다. 엄마·아빠가 힘들어할까 봐 해외여행 중에 세상을 떠난 것도 너의 마지막 배려가 아니었는가 싶다.

콩아!!!

너는 2008년 10월 21일 우리 집에 와 2025년 7월 9일 우리 곁을 떠났다. 우리 가족의 영원한 반려견이자 충견이었던 너의 명복을 두 손 모아 빈다.

오명철 산문집

모두가 사람이더라

초판 1쇄 발행 2026년 1월 30일

지은이 오명철

펴낸이 오연조 | **디자인** 성미화 | **경영지원** 도은아

펴낸곳 페이퍼스토리 | **출판등록** 2010년 11월 11일 제 2010-000161호

주소 경기도 고양시 일산동구 정발산로 24 웨스턴타워 T1-707호

전화 031-926-3397 | **팩스** 031-901-5122

전자우편 book@sangsangschool.co.kr

페이스북 facebook.com/paperstorybook

인스타그램 @paperstory_book

ISBN 978-89-98690-84-7 03810

* 페이퍼스토리는 (주)상상스쿨의 단행본 브랜드입니다.